品成

阅读经典 品味成长

子育て365日親の不安がスーッと消える言葉集

365日育儿减压指南

生气的时候时候就看看

[日] 亲野智可等 著　黄艳梅 译

人民邮电出版社

北京

图书在版编目（CIP）数据

生气的时候就看看 /（日）亲野智可等著；黄艳梅译 . -- 北京 : 人民邮电出版社，2024. -- ISBN 978-7-115-65381-9

Ⅰ . G78

中国国家版本馆 CIP 数据核字第 2024VB7755 号

版 权 声 明

◆ 著　　　　　［日］亲野智可等
　　译　　　　黄艳梅
　　责任编辑　袁　璐
　　责任印制　陈　犇

◆ 人民邮电出版社出版发行　　　北京市丰台区成寿寺路 11 号
　　邮编 100164　　电子邮件 315@ptpress.com.cn
　　网址 https://www.ptpress.com.cn
　　文畅阁印刷有限公司印刷

◆ 开本：787×1092　1/32
　　印张：12　　　　　　　　　　　2024 年 10 月第 1 版
　　字数：154 千字　　　　　　　　2025 年 10 月河北第 10 次印刷

　　著作权合同登记号　图字：01-2023-5483 号

定价：59. 80 元

读者服务热线：（010）81055671　印装质量热线：（010）81055316
反盗版热线：（010）81055315

前　言

我从事小学教师工作 20 多年，一直深爱着孩子们。在我的职业生涯中，我发现父母们虽然因为对育儿不熟练而感到不安，但都对自己的孩子充满了爱意，都在努力地养育孩子。

然而，正是因为这份不安和爱意，很多时候他们会处处担心，不仅做不到对孩子态度温和，还总是对孩子大发脾气。

原本因爱而生的言语和态度，却让孩子觉得"我是个没用的孩子""爸爸妈妈讨厌我"。我见过很多这样的例子，这些父母的爱意因为他们的不安，出现了适得其反的情况，每次看到这种情况我都心痛不已。

因此，我希望父母们能够暂且先把"希望孩子变成这样"的愿望放到一边，完全接受"孩子本来的样子"，也接受"自己本来的样子"，并享受育儿的过程。

孩子成年后，父母们常常会感慨，

"孩子一转眼就长大了"

"当时如果能更享受当下就好了"。

无论何时，"现在"都是孩子最可爱的时候。如果不好好品味这些美好时光，那真是太可惜了。

请试着从"教他""纠正他"转变为"把孩子当作伙伴""与他愉快相处"的角度来考虑吧。

也许一开始你会觉得困难，但本书为你提供了一些提示。作为作者，哪怕书中有一句话能打动你的心灵，我都会感到非常高兴。

本书的书名为《生气的时候就看看：365 日育儿减压指南》，是送给父母们的留言，更是为一年 365 天，全年无休、努力育儿的你们加油助威。

可能其中会有一些让你感到惊讶或认为有些无情、无理的话语，对此我深感抱歉。

但是，等孩子长大后再后悔地说"我不知道，我希望我能早点知道""我应该这样做"，是一件痛苦的事情。因此，有些内容我是特意写的，就是希望大家在后悔前，就掌握这些信息和知识。

享受养育孩子的过程，是你们作为父母的特权。而养育孩子的你们，正在度过人生中最美好的时光。请一定不要忘记这一点。

当下的育儿环境如果得不到改善，作为父母，会持续面临很多困难。但正因为如此，我更希望你们珍惜和孩子相处的每一刻。希望本书能成为你们的座右铭，陪伴你们度过平静美好的育儿生活。

目　录

第3章 让你学会静待花开的话语

第 9 章　自我反省的话语

第 1 章

让孩子
变得更可爱的
话语

孩子的成长速度
超乎我们的想象！

出人意料的是：
孩子真正
像个孩子的时光
格外短。

当我们意识到这个事实的时候，他们已经长大了。

孩子成长的速度很快，

一眨眼就长大了，

现在的模样

也只有现在才看得到。

让我们好好体验、细细品味，并享受当下的这一天吧。

若干年后
再看看如今的照片，
虽然我们一定会感慨
"那个时候真可爱"，
却往往会忽略
珍惜当下才是最重要的。

好好享受孩子的可爱吧，那是我们作为父母的特权。

帮孩子

穿上鞋子、

扣上纽扣，

为他们盛饭、

梳头、

订正作业，

这样的事，我们还能做几次呢？

可能我们会觉得，照顾孩子的日子，遥遥无期，但其实他们需要我们照顾的时光所剩不多。

我喜欢的一句中国古诗是这样说的："年年岁岁花相似，岁岁年年人不同。"每一年开的花都差不多，但是，孩子却年年都在长大。

也只有现在

能抱一抱

孩子，

也只有现在

他们会把心里的话

都说给我们听。

以后再回首，会发现这段时光千金难买。

让亲子之间的

快乐时光

多一点儿，

再多一点儿吧。

多和孩子一起找点儿事做，

多和孩子聊聊天，

多和孩子说说笑笑。

虽然你忙于照顾孩子和料理家务

又得面对忙碌的工作，

感觉每天都过得很累很辛苦。

但其实，现在才是最美好的时光，

也是人生最幸福的时光。

对于孩子来说，和家人一起度过的幸福时光，也将成为他们一生的精神支柱。

人生的幸福，

不是

什么到不了的终点。

享受

人生这场旅行的过程

才是幸福。

养育小孩也一样。

父母和孩子一起度过的每一天，才是无价之宝。

带小孩的时候

会想，

快快长大就好了。

当孩子长大后

又会想，

小的时候多好啊，

能再一次回到他们小时候就好了。

孩子一转眼就长大了。

孩子
最可爱
最美好的这段时光，
你能
用心
品味吗？

能和孩子相处的日子，只是漫漫人生中的短短一瞬。

在叶子里寄居的小虫，

在海上翱翔的大鸟，

在雪中冷得发抖的动物，

此时此刻

都在吃饭、睡觉、繁殖，

保护、养育自己的孩子，

人类也不例外。

芸芸众生

从古到今，

还有比生儿育女

更重要的工作吗？

　　我认为不管社会如何进步，生儿育女都是最伟大的事情。乍一看，一个人能做的事情很渺小，但其实父母们正在做很有意义的事情。

值得我们感恩的事情是
难得的，
它并不是
理所当然会发生的事情。

当我们意识到事情的珍贵时，感恩之情就自然而然地涌现出来。

如果我们认为它是理所当然的，等到失去后才意识到它的珍贵，便为时已晚了。

活着本身
就是幸事，
能朝夕相伴
就是幸福。

幸运的是，我们不是等到失去后才发现这个道理，
而是在拥有时就懂得。

孩子的存在

本身就是

我们的

能量源泉。

这么精辟的一句话，来自我的一位朋友。

孩子是

神派来的天使，

只需要看他们清澈的眼神

就知道了。

我是真的这么认为的。

有一天，我在教室里认真地思考，

每一个孩子

都是那么有个性，

作为一个独立的人，

任何一个孩子都是独一无二的。

大人也是如此，

每个人都是独一无二的，

就是这份独一无二，

才是人类存在的理由。

大家都有突出之处，

也有不出众的地方，

这样综合起来

大家都是平等的。

　　我们在看一个人的时候，很难全面地去看。有时看到的是别人好的地方，有时看到的是别人不好的地方。如果我们时时记得要全面地看待一个人，想必也会发现孩子独特的地方吧。

老大和自己很合得来，

老二却和自己不合拍。

为什么会觉得

自己的孩子讨厌呢……

有这样的想法

也无可厚非，

毕竟

大家都是有不同个性的人。

有合拍的人，也有不合拍的人，这是不可避免的。那是因为我们每个人的个性不一样，父母和孩子也是一样。因此，请不要过分苛责自己。

与此同时，作为大人，我们要做自己力所能及的事情。

就算与孩子合不来，也要温柔、热情地对待他。因为我们是在同一屋檐下生活的一家人。

为今天还能一觉醒来

感到庆幸，

庆幸手脚还能动，

庆幸还吃得下东西，

感恩有家人，

感恩有孩子，

感恩还能照顾家人。

只要他们还在身旁，就值得感恩。

感恩现在拥有的幸福，在失去它们之前，请保持感
恩之心。

若只顾着担心将来的事情，

那就不能享受当下的快乐。

和孩子一起享受

能待在一起的

这一天吧。

相信孩子，

将来的事情

交给他们自己应对就好。

　　如果亲子关系融洽，每天过得幸福，孩子内心会产生自我肯定感和对他人的信任感。
　　具备这两种特性的孩子，将来也一定没问题。

多数父母，把孩子养大后
都会这样想：
"虽然曾经那么担心，
但最后什么都没发生，
如此种种
都不是大问题
要是当时没把孩子骂得
那么凶就好了。
孩子一转眼
就长大了，
要是从前多和孩子嬉笑打闹
那该多好。"

如果在养育孩子的过程中，能意识到这些，那最好不过了。

生病之后

才意识到

迄今为止的健康，

当疼痛出现时

才意识到

没有疼痛是难得的。

失去之后

才发现曾经拥有的一切。

　　大家都想在失去之前就能意识到目前所拥有的一切有多宝贵，是吧？要想做到这一点，就必须怀有感恩之心。

好事，

坏事，

快乐，

痛苦，

一切都会过去。

　　当好事发生、感到开心时，做好"一切都会过去"
的心理准备，好好享受此刻的愉快吧。当不如意的事情
发生、觉得痛苦时，用"一切都会过去"的想法来安慰
自己，好好地去感受吧。

只要好好审视

自己现在拥有的一切，

心里就会充满感谢。

还能呼吸

就值得感谢，

有家人，

有孩子，

就值得感谢。

　　孩子的到来，并不是理所当然的事情。今天我们也要感谢现在拥有的幸福。

幸福

不在未来，

就在今天的

此时、此地。

　　不要再为了以后而牺牲现在。和孩子一起，在欢声笑语中度过这一天吧。

辛苦的育儿之路

并不会持续到永远，

终有一天会走到终点。

到那时，心里是空落落的呢，

还是开心多一点呢？

那时的心情到那时再说吧。

反正现在

先好好享受今天的"此时、此地"。

只有"此时、此地"是永恒的。
也就是说，活在当下，即为永恒。

"管一管吧"

"这个要改掉"

"那个必须让他做"，

如果这样想的话

责骂就会变多，

恶性循环由此开始。

和孩子愉快地相处吧，

把他们当作志趣相投的人

来对待吧，

一起幸福地度过每一天吧！

如果这样想的话

表扬就会变多，

良性循环由此开始。

改变孩子是困难的。如果父母首先转变自己的思想，
良性循环就会慢慢开始，继而父母和孩子都能变得幸福。

父母太在意结果

会让孩子觉得痛苦，

放下对结果的执念，

为孩子

做自己力所能及的事吧。

那段过程，

那段时光，

都值得我们乐在其中。

我们都在为孩子做着某些事，这个过程本身就是我
们人生的重要片段。

爱慕虚荣，

和别人比较，

一个人硬撑着，

被他人的价值观左右，

把自己的价值观

强加在

孩子身上……

如果戒掉这些习惯

育儿就会变得轻松。

　　真没想到，让育儿这件事变得艰难的人，往往是我们自己。

当孩子上幼儿园或上小学后，

孩子间

就会出现比较，

画画好看、画画不好看，

擅长运动、不擅长运动，

学习好、学习差，

至少，作为父母的我们

要全面肯定自家的孩子。

　　父母根据学校给出的成绩单来责骂孩子是毫无意义的。父母与其责骂孩子，不如为他们做一些自己力所能及的事情。

最好孩子每一天

都能像没心没肺一样

过得开心快乐。

在那样的环境中成长起来的孩子，

他们的自我肯定感

和对他人的信任感

都会被培养起来。

如果大人每天也能过得开心快乐，也是件幸运的事，对吧？

被满满的爱

滋养大的孩子

也会温和待人。

要把满足孩子内心需求这件事放在第一位。

当父母

毫无保留地接受

孩子的本来面目时，

从那一刻起

孩子就会变得幸福。

让孩子感觉痛苦的是，父母"非做××不可"的思维。

独生子女
自私又任性，
这种说法是错误的。
相反，
许多独生子女更有同情心，
因为他们接受了父母满满的爱，
内心得到了满足。

在育儿领域存在许多流传已久的谎言和迷信，我们要多加注意。

能看到孩子的灿烂笑容，

能听到孩子的叽叽喳喳，

有家如此，幸甚至哉。

即使房间没收拾，

即使鞋子乱七八糟，

即使打扫不够细致，

都没关系。

因为上述种种

全是次要的。

相反，家里没有欢声笑语就很可怕了。

无论哪一个孩子

都在用自己的方式

努力着，

你自己

也在按自己的方式

努力着，

这就挺好的，

这就足够了。

　　让我们原谅并接受孩子和自己吧。这样，大家都会
感到轻松。

抱抱孩子，

摸摸他的头，

对他说：

"你是

妈妈的孩子，

一定没问题的。"

　　爸爸们也多对孩子说"你是爸爸的孩子，一定没问题的"这样的话吧。孩子就会充满安全感，对父母的信任感和自我肯定感也会随之提高。

"可喜欢你了，"

"不管你是什么样子，

我都非常喜欢。"

"非常喜欢真正的你，"

"很开心能和你待在一起，"

"感谢你成为我们的孩子"……

无条件地爱孩子，

能让父母

也学会无条件地爱自己。

　　当父母对孩子说这些充满爱意的话语时，自己也在听着这些话。因此，这些动听的话语也会给父母自己带来良好的影响。

"做你自己就好了，"
"无论你是什么样子，
我都非常喜欢，"
"爸爸和妈妈
永远都站在你这边"……
这些话
才是应该送给孩子的
最重要的寄语。

让我们持续对孩子多说这样的话："不是因为你努力、聪明，我们才爱你。无论你是什么样子，我们都非常喜欢。"当孩子从父母那里获得无条件、全面的肯定评价时，也能更加肯定自己。

"今天的 ×× 很有趣！"

"明天的 ×× 很让人期待！"

"感谢你

让我们每天都过得很开心，

爸爸妈妈可喜欢你了"……

让我们都能

对孩子说这样的话。

孩子每天都过得无忧无虑的时候，也会从中学到很多东西。

孩子
是和父母有不同人格的
独立个体，
把孩子当作
一个独立个体
去尊重吧！

孩子既不是父母的所有物，也不是父母的附属品。
即使是在现代社会，也有相当多的人不理解这个道理。

孩子并不是

上天给予我们的

礼物，

只是让我们代管。

也就是说，

孩子是不属于父母的。

"上天让我们代管一个孩子，并让我们把他养大。"
我觉得父母有这样的想法挺好的。

孩子

也爱着父母，

为了回应

孩子的爱，

比起成为能干的父母，

不如当好被爱着的父母。

你们以前发现了吗？
孩子也在尽最大的努力爱着你们。
一定要好好回应孩子的这份爱。

感谢孩子吧。

感谢孩子

让你成为父亲或母亲，

现在依然每天都在给予你

能量和喜悦，

也让你积累了各种各样的经验。

从某些方面来看，孩子也让父母得到了成长，对吧？

在家里有人过生日时，

试着这样做：

互相写出

10 个对方身上让自己喜欢的地方，

以及

10 个对方身上让自己敬佩的地方。

令人意外的是，就算是家人

也不清楚

对方在想什么和

对方认为自己怎么样。

不知道孩子会说

喜欢你什么呢？

　　以某个纪念日为由头，把平常羞于启齿的话都表达出来吧。孩子就算长大了，也会一直记得这些像礼物一样的话语。

让你善于
与孩子相处的
话语

享受和孩子一起的
每一天吧！

建立良好的

亲子关系，

比教育、学习之类的事情

重要得多。

如果做到这一点，

孩子一生都会过得很好。

孩子若能真真切切地感受到父母的爱，那么他们将一生幸福。

当爸爸妈妈说：

"9 点了，该睡觉了。"

孩子可以回答：

"再等一会儿。"

这样的亲子关系

刚刚好。

如果父母过于严格、说话没有商量的余地，孩子将会陷入无助感之中。

让家成为一个"温室"就好，
因为对于孩子来说，
"温室"就是子宫般
舒适环境的延续，
孩子在"冰箱"里
是长不大的。

因为家对于孩子来说是一个安全基地，所以有一个温暖的家是幸福的，在"温室"里成长是幸运的。

家是

我们放松

休息的地方。

如果除了要在学校努力，

在家也得拼搏的话，

这就太强人所难了。

大人也好，孩子也罢，我们都需要一个让心灵放松的地方。

如果父母和孩子

能一起欢笑，

一起快乐地

过日子，

那么一切都会

向好的方向

发展。

开心快乐是最重要的。

"过度保护"指的是

明明孩子可以自己做

而且也想自己做的事，

父母却自作主张地做了。

"过度干涉"指的是

忽略孩子的感受，

非要让他们做

父母要求的事情。

以上两者

对孩子都不好。

　　明明在旁人看来就是过度保护、过度干涉的情况，父母自己却意识不到，这样的事情经常发生。

如果孩子尽情地嬉笑打闹，

他们大脑的杏仁体就会得到满足。

满足后

前额皮质就会给杏仁体"踩刹车"，

让它平静下来。

越是每天玩耍、打闹，

前额皮质

就越擅长

"踩刹车"，

孩子就会成为不轻易发脾气的人。

杏仁体负责处理生气和愤怒的情绪。因此，当前额叶皮质越善于给杏仁体踩刹车时，孩子就越不轻易发脾气。

人生在世，"GRIT"是比
IQ（智商）更重要的素质：
Guts（勇气）
是直面困难的勇气，
Resilience（恢复力）
是不言放弃的恢复力，
Initiative（主动性）
是自己寻找目标的主动性，
Tenacity（韧性）
是坚持到底的韧性。

宾夕法尼亚大学的杜克沃斯（Duckworth）教授提出，比起才能、IQ、学历等方面，"GRIT"是取得社会性成功最重要的因素，并且它是可以通过后天培养获得的。

一起来做加分制育儿吧：

早起加 10 分，

做早餐加 10 分，

洗衣服加 10 分，

打扫卫生加 10 分，

倒垃圾加 10 分，

做晚餐加 10 分，

表扬孩子加 10 分，

让孩子笑加 10 分，

对孩子的话感同身受加 10 分，

不对孩子发脾气加 20 分。

　　如果父母老是对自己说"这个没做到，那个也没做到"，就会变成减分制主导的否定式育儿。让我们用加分制的方式，开心育儿吧。

1. 不轻易发脾气；

2. 常说肯定词；

3. 不把孩子与其他人比较；

4. 感恩现有的一切；

5. 经常表扬孩子；

6. 把自家孩子看得比面子重要；

7. 重视过程大于重视结果；

8. 不把自己的价值观强加给孩子；

9. 共情孩子的感受；

10. 把孩子当作独立的人来尊重。

即使不能马上做到这些要点也没关系，重要的是有意识地坚持去做。有意识地坚持去做这些事情，渐渐就能做到了。

孩子说："还想多玩一会儿。"

父母回答："我们该回家了。"

孩子说："读给我听。"

父母回答："你自己也会读吧。"

孩子说："抱抱我。"

父母回答："你自己能走吧。"

孩子说："买。"

父母回答："不买。"

长此以往，

孩子内心就会不断地积压不满。

父母说这些话的目的是想培养出一个善于忍耐的孩子。但是，当孩子内心的不满不断积压时，反而会变得不善忍耐。

父母在面对孩子的

牢骚或烦恼时，

可以先表示有同感

并让他们说个够。

"很辛苦吧"

"很难受吧"

"觉得很讨厌吧"，

在这之后，

再向孩子表达鼓励或建议吧。

　　如果父母一上来就说鼓励的话或提出建议，孩子心里积压的情绪没有得到倾听，那么他就不会再向父母倾诉了。

"你又没做这件事"

"不学习不行"

"不收拾不行"

"不快点儿就迟到了"……

"没有"和"不行"是

指责他人的、

否定的、会引起不愉快的词语，

听到这些词语的人

会关上心门。

　　用不指责对方的话来交流吧，这样才能听到对方的心声。

要是孩子说

"抱抱我",

就抱起他,

而不要说"你自己能走吧";

要是孩子说"读给我听",

就读给他听,

这样孩子才能

真切感受到父母的爱。

"无论孩子说什么都顺从,就会养出任性的孩子"这个观点,已经被儿童心理学的研究否定了,真相恰恰相反。

"你那时觉得很讨厌吧"

"你那时觉得很辛苦吧"……

当父母与孩子产生共鸣时，

孩子会更愿意表达自己的感受，

不容易把事情憋在心里，

心态就会更稳定。

只要心态稳定，大多数事情都会顺利。

从学校、补习班、兴趣班

回到家里，

还有很多事情要做。

现在的孩子

没有时间让心灵歇一歇，

也没有时间做自己想做的事情。

无论是大人还是孩子，都被压得喘不过气。其实放空自己并不是浪费时间。

父母想纠正孩子挑食的行为，

于是强迫他们

吃不喜欢的食物，

孩子就会讨厌吃饭，

对生活的热情也会降低。

吃饭的时候，

首先要做到愉悦开心。

佐佐木正美是一位儿童精神科医生，同时也是经典著作《关注孩子的目光》的作者。佐佐木医生自己的儿子曾经也偏食，但他不去强迫儿子吃讨厌的食物，而是告诉他"只吃喜欢的东西就行"。佐佐木医生说："我的儿子患有发育障碍，小时候吃饭吃得很少，但可能由于我这样的处理方式，他找到了进食的乐趣吧。此后他吃饭更加积极了，现在也是我的三个孩子中最不挑食的，并且保持着健康的体魄。"

在父母面前

都不能任性的

孩子，

会把不满憋在心里。

如果要求孩子"不要乱说话、不要给别人添麻烦、自己一定要做好"，反而会产生适得其反的效果。为什么呢？因为孩子很有可能会出现以下情况：看父母的脸色，不能说出自己的真心话；在父母面前表现乖巧，却在外面发泄出来。

如果父母宽容的话，

孩子

不需要说谎，

自然而然就变得诚实。

要是父母过于严格，孩子为了保护自己，只能说谎。

所谓育儿，

就是同一件事情

对孩子

说上万次的过程。

无论是谁，都会这样。

既然本质就是如此，

那就保持乐观吧，

反正都是要说，

那就开心快乐地说。

如果用愉悦的语气去说，那么孩子每次被说的时候，
也会感受到父母的爱。

不可能就是不可能，

做不到就是做不到，

大人也好、小孩也好，

都一样。

只能放过自己，

也放过孩子。

不仅要对自己宽容，也要对孩子宽容，夫妻之间也应如此。

孩子

不听父母的话，

并不是

瞧不起父母，

也不是轻视父母。

只是

有别的事情想做，

能力上做不到，

或者单纯不喜欢，

仅此而已。

　　当孩子不按照父母的要求去做时，父母就会觉得自己好像被轻视了，从而产生烦躁情绪。但实际上孩子本身并没有那样的想法。因此，父母遇到这种情况，就先深呼吸、放松一下再冷静地分析吧。

孩子的拒绝，

其实是在说

"你们要承认

我是一个独立的人"。

　　孩子嘴里说着"不要"，但心里真正想表达的是"我是和你不一样的人""请认可我的人格""我也有我自己的想法"。

明明是很重要的话，

面对面却难以说出口，

那就用短信、邮件

来表达吧：

"谢谢"

"我很喜欢你"

"对不起"

"你很努力呢"。

　　短信、邮件等对话场景使用的是书面语，所以可以用来沟通稍微正式一点或者难以直接说出口的事情。用这些工具，向孩子、妻子、丈夫、父母表达真挚的心声吧。

有"男性大脑"的孩子：

没记性、丢三落四，

搞破坏、会偷懒，

不听话、不会察言观色，

不会做自我管理，

没有时间观念，

不做讨厌的事情，

只做想做的事情。

他们天生

就是这样的大脑结构。

　　有"男性大脑"的小孩是晚熟型，这是大脑构造导致的，责骂也没用。即使是女孩子，如果具有"男性大脑"的话，也会这样。

具有"女性大脑"的孩子：

很会说话，

喜欢寻求共鸣，

会预测妈妈的心情，

自我管理能力高。

　　具有"女性大脑"的孩子，为了讨好妈妈，即使是讨厌的事情，有时也会铆足劲儿去做，这一点我们要多注意。

对于因为妈妈忙于照顾

弟弟或妹妹

而觉得自己不受宠爱的

哥哥或姐姐，

以及

不善于撒娇的孩子，

父母应该给他一段"独生子时间"，

让他在这段时间得到

百分之百的宠爱。

　　我有个女性朋友 L，L 的大儿子在二儿子出生后，出现了"返婴"行为（做出一些与年龄不符的举动，表现出行为倒退，或过于依赖父母等。——编者注）。为了应对这种情况，有一天 L 果断地把二儿子交给爸爸和奶奶带，自己和大儿子两个人去游乐园玩。游乐园里有大儿子喜欢的电车等多种游乐设施，他玩得很尽兴。

　　大儿子得到了妈妈百分之百的宠爱，感到很满足。之后，他的"返婴"行为也减少了，对弟弟也更加友好了。L 把这称为"独生子时间"。

假期里
懒懒散散的孩子
都是懂得休息的
聪明孩子，
让我们向他们学习，
也做个"懒父母"。

假期就好好休息吧。

对于不收拾、

不主动学习、

不做该做的事情的孩子，

如果对于他们自己想做的事情

能够自觉去做的话，

就不需要担心他们

不具备独立能力，

反之就要担心。

　　很多人认为，主动去做父母想让自己做的事的孩子就是独立的孩子。虽然这样的孩子很让大人满意，也很容易带，但可能并不真正具备独立能力。

父母试图

一直控制孩子，

但孩子

渐渐就不听话了，

这代表孩子正在成长，

是值得高兴的事情。

然而，

其中也有些父母

觉得自己的自尊心受到了伤害，

于是就会

不高兴、发脾气。

这时，有些父母会认为自己发脾气是为了孩子好，但事实真的是这样吗？这些父母有必要扪心自问：难道真正的理由不是为了保护自己的自尊心吗？

如果大人能承担起
大人应尽的职责，
孩子就会尊重大人。
此外，
如果大人尊重孩子，
那么孩子也会更加尊重
这个大人。

　　如果大人突然变得情绪化、自私、按自己的喜好责骂孩子，他们就会失去孩子的尊重。如果这样持续下去，孩子就会发自内心地瞧不起这些大人。

幸福感

取决于自主程度，

这是

对两万人进行调查后

得出的结论。

因此，

如果你希望孩子过得幸福，

那么在爱好、兴趣班、社团活动、

发展方向等方面

都要尊重孩子的意愿。

　　神户大学特聘教授西村和雄和同志社大学的八木匡教授对大约两万人进行了大规模调查，调查结果发现"这些人的幸福感更多地来自能够自主决定人生大事，而不是学历或收入"。

记得自己小时候

不喜欢什么、

什么能让自己开心，

还记得这些的人

就能站在孩子的角度思考问题。

想一想自己小时候的感受，自己不喜欢的事，也不要对孩子做；自己觉得开心的事，就可以和他们一起做。

父母不要利用孩子

来进行

父母的自我实现，

因为那的确是

"罪孽深重"。

让我们回过头来看看，自己在孩子的幼儿园、各阶段的入学考试、兴趣班、社团活动等方面，有没有这样做过。

只有把孩子
当作独立的个体
并尊重他们的人，
才有能力向孩子
展示幽默。

那些认为"这只是个孩子"的人是做不到的。

父母觉得痛苦，

孩子也会觉得难受；

父母舒心，

孩子也会快乐。

　　如果爸爸妈妈常常笑容满面，快乐地生活，那么他们的孩子也会过上幸福的生活。

父母

如果能懂得放弃，

孩子

也会变得幸福。

父母如果认定"必须这样做"，孩子有时就会因为父母这样的想法而痛苦。

一方面

常常和孩子一起玩耍、

一起泡澡，

另一方面

却总是责骂孩子，

如此一来，

孩子就无法感受到

父母的爱。

这难道不是功亏一篑吗？

父母的言辞

对孩子影响很大，

不要想到什么

就说什么，

想一想它的影响，

自己先在脑海中厘清后再说。

奇怪的是，成人之间说话会自己先在脑海中厘清后开口，但对孩子却不会。这种情况也许是父母考虑得太少了。

一句话

可以给孩子带来希望，

也可能给他们带来绝望；

能让孩子开心，

也能让他们不快乐。

父母对孩子说话不要像条件反射一样，想到什么就说什么，请先喘口气再说话。想到什么就说什么不是诚实，而是说话不过脑子。

孩子听到会高兴的话

是"你一直很努力",

而不是"你要加油";

是"很辛苦吧",

而不是"如果你做了××就好了";

不是"对不起",

而是"谢谢你"。

只要能意识到这些表达之间的细微差别，你就能改善与孩子的关系。

"你还没说谢谢吧？"，

与其这样要求孩子，

还不如

多对孩子说

"谢谢你"。

如果父母常常以愉快的方式说"谢谢"，孩子自然也会说"谢谢"。如果父母要求孩子说"谢谢"，孩子也会向他们的朋友和兄弟姐妹提出同样的要求。

大人听到别人对自己说

"你已经很努力了"或"谢谢"会开心，

而没听到这些话

会觉得心里空落落的，

孩子也一样。

当孩子希望我们说

"你已经很努力了"

"谢谢你"的时候，

父母说给他们听就好了。

虽然有些人会吓唬你，

"如果你这样做

孩子就会养成不得到表扬

就不去做的习惯"，

但那是子虚乌有的事情。

我觉得最近很多人对表扬孩子这件事太多虑了。

父母会希望在很多事情上

能得到

孩子的原谅。

因此，父母也要多原谅孩子。

压力

会影响皮肤，

会影响身体健康，

会影响我们对孩子说的话。

作为成年人，管理压力是我们的首要任务。

在提醒孩子的时候，

要用以下不含

批评成分的

表达方式：

"××让我很开心"

"按照 ×× 做就好了"

"你做到 ×× 了呢"

"我们就按照 ×× 做吧"。

"你必须做 ××""你不能做 ××""我要告诉你多少次才行？"，这些话充满了批评性，会让被说的孩子关闭心门。

朋友

并非

越多越好，

每个孩子都有适合自己的

朋友数量。

有些孩子

想要有很多朋友，

也有一些孩子

更喜欢独处。

孩子独处时，有些父母会感到不放心。因此，这些父母往往会对孩子说"你必须和大家一起玩"之类的话。但是，也有些孩子只想珍惜自己独处的时间。

自我肯定感强的孩子

能够接受挑战，

能够努力，

即使失败也能从头再来，

能建立良好的人际关系，

能原谅他人。

与自我肯定相反的是自我否定，如果一个孩子经常挨骂，很少被认可，那么他可能就会产生自我否定感。

父母在养育孩子的过程中

老是会想

"要是当时那样做就好了",

但

正是因为从那时的失败中

吸取了教训,

现在才能

做得更好。

父母和孩子一起,一步一个脚印,慢慢成长就可以了。

当家长一直和孩子在一起时，

感到有压力的原因是

所有事情

都必须适应孩子的节奏，

如果一直无法

按照家长自己的节奏

做自己想做的事情，

压力就会大到超乎想象。

这是在成年人之间交往的世界里，

永远无法理解的压力。

如果是妻子自己带孩子，丈夫就必须牢记这一点。因此，丈夫要在家庭生活中为妻子留出独处的时间。

一天二十四小时
都在想孩子的事情的
妈妈，
并不等于
好妈妈。

　　我认为，当孩子还小时，家长每一天都在拼命照顾小孩，从某些方面来说，是本能促使我们这样做。然而，人也拥有成为父母之前就存在的自我意识。即使你现在因为要照顾孩子而不能自由行动，也需要拥有内心自由的时间。

每天给孩子喂饭，

帮他们洗澡，

给他们穿衣服，

留意他们有没有做危险的事情，

为他们读书，

为他们擦鼻涕，

去幼儿园接送，

教还不会说话的他们说话，

在忙碌的生活中

完成了这么多事情的父母们，

我很尊敬你们。

第**2**章

让你善于与孩子相处的话语

　　与此同时，我也很羡慕你们。养育孩子的日子既让人倍感压力，同时也充满喜悦。回首往事，那些让我视若珍宝的时光，只有现在正在育儿的父母才能享受得到。

好了，孩子们终于睡着了，

让我们在只属于自己的愉悦时光中

稍微放松一下吧，

就当是犒劳忙碌了一天的自己。

当一天结束时

对自己说：

"累极了吧"

"你已经很努力了"

"这并不容易"

"你已经不是以前的你了"

"连自己都觉自己真是太棒了"

"你今天也真的很努力"。

让我也慰劳一下大家，大家做得真的很好。

如果家长

尊重孩子的独特节奏，

孩子就会

慢慢地、稳健地独立起来。

成长不是越快越好。

别只看孩子们表面的样子，

其实他们也在拼命

努力着。

从另一个角度看，他们也有一股初生牛犊不怕虎的
劲头。

自己能做的事

就勤勤恳恳地做，

这就足够了。

结果顺其自然，

我们就享受过程。

尽人事，听天命。养育孩子也一样。

所谓"等得起的父母"

指的是，

能够等待而不过于期待结果。

也就是说，

父母要做好无论结果如何

都能接受的心理准备。

如果你过于期待某种结果，那么当你没有得到想要的结果时，你将无法接受。

第 **3** 章

让你学会
静待花开的
话语

孩子正在按照自己的节奏
稳步成长！

孩子的身高

有时看不出变化，

有时会一下子长高，

孩子的综合能力也是如此，

没有变化的时候，

是在为下一次成长

做准备。

这就像蛹一样，

外表看不出任何变化，

看起来一直保持着同样的形态，

但它的内部却在稳步生长。

某一天，蝴蝶会破茧而出。

家长不要着急。
重要的是，要相信孩子有自己的步调，耐心等待。

我行我素的孩子

是天生的，

不是培养出来的。

他们长大后，

也会用自己的方式做事，

所以父母不需要太担心。

　　当看到孩子我行我素时，你心里会想"是不是自己的教育方式不正确呢"，并因此感到烦躁。但这是孩子与生俱来的性格，并不是教育方式造成的。证据就是，即使是由同样的父母带大的兄弟姐妹，他们的性格也有可能各不相同。

完全按自己的节奏走的孩子，

如果他温和友善，

那就让他保持自我吧。

如果你总是想着批评他的缺点，

那么他的优点也会消失。

对于孩子的某些缺点，父母要有勇气视而不见。适当包容，孩子的优点才能更好地发挥出来。

不善于收拾整理，

东西到处乱放，

这并不是因为

父母教养不当，

而是因为他们天生就是这样。

而这样的孩子往往极具创造力。

孩子的那些让父母伤脑筋的行为：

不听话，

不抓紧时间，

不吃饭，

不收拾东西，

不穿衣服，

不脱衣服，

不起床，

不睡觉。

把你与不听话的孩子之间的拉扯，看成"战斗游戏"，享受与他斗智斗勇带来的乐趣，这段经历会是你人生中宝贵的一页！

育儿

不是障碍赛，

不是马拉松，

而是障碍马拉松，

基本很难做到

一帆风顺。

　　田径运动之所以没有障碍马拉松项目，就是因为它的要求太苛刻了。所有正在抚养孩子的人，都在做这样高难度的事情，辛苦了。

即使跟孩子讲了道理，

也徒劳无功，

这时你可以选择放弃。

当父母再怎么苦恼

也无济于事的时候，

静观其变也是一种有效办法。

守得云开见月明。

孩子上学会累，

上幼儿园、托儿所也会累，

即使喜欢那里也会累，

如果不喜欢那就更累了。

所以他们一回到家就懒洋洋的，

这是很正常的。

除了在外面奋斗，

在家里也要拼搏，

这是多么强人所难，

大人也很难做到，

因此希望大家

能让孩子好好放松休息。

　　只有得到充分的休息，才能补充能量，继续去外面奋斗。如果孩子在家也要努力学习，那他就无法好好地恢复精力。

"缺点和问题性格

小时候就能改正"

这种说法不能完全相信，

通常是孩子长大后

问题才会有所改善。

这是因为当一个人真正长大后，

才会下定决心改正自己的缺点。

孩子吸收新事物的能力很强，但这种吸收能力并不能改善先天不足。改善先天不足需要坚强的意志力，而坚强意志力的基础就是要有坚定的决心。

即使现在做不到，

只要时机成熟，

自然就能做到了。

这样的成长规律，

在孩子身上

也很常见。

　　但是，如果你怀疑孩子出现发育障碍，请尽快带他去看专科医生。

真正的"交际能力"
指的是根据需要
调节朋友关系的能力，
想要培养"交际能力"，
拥有独处的能力也很重要。

如果没有独处的能力，孩子就会过度依赖朋友。这样可能会导致孩子因过度参与群体活动而感到不适，也有可能造成当他被邀请加入欺凌行为时会无法拒绝的情况。

青春期

是过去的自己"消失"，

未知的自己"诞生"的时期，

甚至孩子本人也不知道

自己的内心

正在发生什么。

　　青春期的孩子，处于一种懵懂状态，他们的内心充满了焦虑。当被问及"你到底在想什么"时，他们无法回答，是因为他们也不知道自己在想什么。

青春期的孩子需要一个

可以回去休息的

安全基地。

如果父母因为小事责骂他们，

家就不会成为他们的安全基地。

他们会想四处漂泊，

去寻找新的安全基地，

就像断了线的风筝。

对于违背人性的事情、给他人带来极大不便的事情、危险的事情，父母需要明确地跟他们说不能做。但是，在这个阶段，他们不可能接受父母对自己的生活习惯等细节问题唠唠叨叨，所以父母唠叨也是浪费口舌。

当孩子

进入叛逆期时，

很多父母会发愁，

觉得是"自己以前的教育方式

有问题"导致的。

其实，

叛逆反而是孩子这个时期

成长顺利的表现，

所以不用担心。

暴风雨总会过去的。

在育儿和教育方面，

父母要对结果保持达观态度，

因为结果是由孩子自身创造的。

做好身为父母能做的事情

并享受这一过程，

就是人生路上无与伦比的幸福。

幸福不在未来，

就在此时此地。

如果不过分追求结果，父母和孩子都会变得快乐。

父母

归根到底

是无能为力的，

为孩子做了力所能及的事情后，

唯一能做的就是等待。

坚定地等待孩子们吧。不要因为急躁而说出负面的语言，扰乱孩子的节奏。

"青出于蓝胜于蓝"
这种说法很常见，
"龙生龙，凤生凤"
这种说法也很常见。

　　前一种说法就是为了发挥皮格马利翁效应的作用。"皮格马利翁效应"，在教育心理学术语中是指当其他人对一个学生有很高的期望时，这个学生的成绩就会因此提高的现象。后一种则是为了避免对孩子产生过高期望的说法。

人生

如流水，

时间流逝不可阻挡。

昨天发生的事情，今天不复存在。

今天发生的事情，明天也会消失。

育儿

终有一天也会结束。

　　这就是生命的定律吧，一切有开始的事情，都会迎来结束。

无论孩子

看起来多么讨厌学习，

无论孩子

在课堂上多么顽皮捣蛋，

他们

在内心深处

都想变得聪明。

最好的证明就是，新学期开始时，大多数孩子在拿到新课本时都会非常高兴。不管学得好不好，学习本身就是一件愉快的事情。通过说"你做得很好！"和"太棒了！"之类的话来表扬孩子，就可以让孩子产生"我学习很厉害"的感觉。

"要是当时这样做就好了"

"要是当时那样做就好了"

"不应该骂得那么凶，

应该多表扬他"……

当你对这些事进行反省时，

你

就是爱孩子的

好父母，

请不要过于自责。

只要你们有想成为好父母、好好养育孩子的心愿，慢慢就会变成好父母。

当父母说

"快点儿、快点儿",

孩子会变得不耐烦,

会犯错误,

变得马虎,

结果

反而更慢了。

相反,

如果对他们说

"慢慢来就行",

孩子可以安下心来、集中注意力,

反而变得更快。

即使是成年人,在很着急的状态下,也可能完成不了他们平常能做的事情。孩子们更是如此。

孩子哭个不停，

兄弟姐妹争吵，

孩子在车上吵闹

而你无人倾诉或求助……

这些时候，

重要的是要意识到

自己已经到达了极限。

这时通过托管孩子等办法，

让自己独处很重要。

好妈妈，

要能接收到自己内心发出的

"求救信号"。

　　不妨提前模拟在紧急情况下，暂时把孩子送去托管的情景。哪怕仅仅是在心里想一想"如果实在不行，我就送孩子去托管"，心里也会觉得从容一点。你已经尽最大的努力了。有时，为了你心爱的孩子，在觉得实在太难的时候，让自己独处一会儿是有用的。

如果把 80 年的寿命

换成一天 24 小时来看，

80 岁相当于 24 点，

20 岁相当于早上 6 点，

初中一年级相当于凌晨 3 点 54 分，

小学一年级相当于凌晨 2 点 06 分。

换句话说，所有的孩子

都处在黎明前的梦境之中，

即使现在做不好每一件事

也是正常的。

　　如果从人生时钟的角度来看的话，童年就是一个各自以不同的睡姿也能睡得香甜的时期。孩子就在这种迷迷糊糊的状态下努力着。现在就要求他们做好每件事情，是毫无意义的。

第 **4** 章

让孩子
自由成长的
话语

让孩子拥有
"幸福体质"吧!

愿意主动学习的孩子，

少之又少。

但是，

如果让他们做

自己喜欢的事情，

让天赋得到充分发挥，

让头脑更灵活，

那么当他们想学时，

就会学得又快又好。

如果孩子头脑灵活，一旦下定决心学习，就会突飞猛进。

想提高孩子的各种能力，

想让他们更聪明，

那么当孩子

专注于某件事情时，

不要中途打断他们，

让他们坚持到底。

如果让他们"待会儿再做"，

就需要时间来重新启动。

当一个人热衷做某事时，多巴胺（一种快乐激素）会大量分泌，大脑中的突触数量也会迅速增加，将神经元（大脑中的神经细胞）相互连接起来，提高了大脑的性能，这就是所谓的"头脑灵活"。

比起热衷于

某件事，

热衷于某件事的这份激情

更加重要，

对象是什么无所谓。

重要的是，父母要支持孩子做他们想做的事情，并让他们能够沉浸其中。

对某件事充满热情的孩子

有以下表现：

充满自信，

朝气蓬勃，

精力充沛，

面部表情丰富，

声音洪亮，

这些都是一切发展顺利的证明。

当孩子出现相反的情况时，父母就要注意了。

脑科学有研究表明：

人类

在做他们想做的事时，

会变得最聪明。

　　这是因为当你专注于愉悦的事情时，你的大脑就会分泌大量的多巴胺，大脑中的突触数量也会迅速增加，大脑因此变得更灵活。

第4章

让孩子自由成长的话语

淘气时，

孩子们的眼睛会闪闪发光，

因为此时

旺盛的好奇心和求知欲

能让他们愉悦地尝试

做不同的事情。

这时突触就会增加，

大脑因此变得活跃。

在这种情况下，孩子的大脑性能会提高。所以当你看到他们淘气时，试着想想"他们在锻炼大脑"。

为了培养

孩子的独处能力，

让他不依赖朋友，

就要为他创造一个

可以沉浸其中的，

属于自己的世界。

　　为了实现这一目标，父母要支持孩子多多去做自己喜欢做的事情。如果孩子有一个能沉浸其中的自我世界，即使一个人的时候，也能坦然面对独自一人的生活。

不要致力于让孩子做

父母希望他们做的事情，

而是要让孩子

做自己想做的事，

这样才能培养出自主性强的

"自我实现能力"。

　　未来时代重要的是自主性强的自我实现能力，让孩子做自己真正想做的事情，才能具备这项能力。

如果父母总是责骂孩子，

孩子就会

学会

在事情不顺利时，

以不顺利为理由

责备他人。

有时，父母有意去教的东西没教好，而不想教的东西，孩子却自己学会了。

5 件幼儿期要做的重要事情：

1. 在大自然中运用五感 ①；

2. 尽情地玩喜欢的东西；

3. 亲肤育儿 ②；

4. 尽情嬉戏打闹；

5. 亲子共读。

　　为了让孩子在未来能保持自信、坚韧不拔，做好这些事情都是必不可少的。

---

① 五感是指形、声、闻、味、触，分别对应人的视觉、听觉、嗅觉、味觉、触觉。——编者注
② 指通过亲子间肌肤上的接触来建立亲密的亲子关系的一种育儿理念。——编者注

让一个天才文员

去做销售工作，

那就太浪费了。

让一个天才销售员

去做办公室工作，

那就太浪费了。

你在让

你家的天才孩子

做一些浪费天赋的事情吗？

如果是孩子想这么做的话，还情有可原，但如果是父母强迫孩子去做的话，就不会有什么好结果。

当孩子们热衷于
自己喜欢做的事情时，
表扬他们"你有专注力"，
孩子就会相信
自己有专注力。
这样一来，当他学习时
也就会想：
"我很专注，
所以我应该努力去做。"

信念决定人生，让孩子对自己有良好的认知吧。

对孩子说"你已经在努力了"
比说"你要努力"
更能达到效果。

每个人都在以自己的方式努力着，得到认可会让人
充满活力。

对孩子说"你们关系真好呢"
胜过说
"你们必须和睦相处"，
对孩子说"这字写得不错"
胜过说
"写得再工整一点"。

听到肯定自己的话语会让人感到高兴，因此产生话中所说的"想那样做""想变成那样"的想法。

与其

弥补不足，

不如

优先发展优势，

这是良性循环的开始。

发展优势是良性循环的开始。如果想通过责骂来改正一个人的缺点，反而会形成恶性循环。

在与孩子的交流方式上，

减分制的育儿方式是说孩子

"这个做不到"

"那个也做不到"，

加分制的育儿方式是说孩子

"这个做得到"

"那个也做得到"。

不要再执着于追求未曾拥有的东西，多关注现在能做的事情吧。

"你想要哪双袜子？"

"草莓和香蕉哪个好？"

"你要先做 × × 还是先做 × × ？"

即使是这些小事，

也应该由孩子自己决定。

独立决策能力的养成，

关系到自主能力的培养。

对于年幼的孩子，可以先让他们从二选一开始。日常进行这种练习，就能养成独立决策能力。

如何让孩子

拥有幸福体质？

如果让孩子每天

都充满笑容，

觉得幸福快乐，

孩子自然而然

就会拥有幸福体质。

　　如果你总是以"为了将来"为理由而责骂孩子，首先我理解你的感受，但是这样做，实际上会让孩子离幸福体质越来越远。

拥抱的时候，

父母和孩子

都会分泌

一种幸福荷尔蒙——催产素。

它对稳定情绪、

提高学习成绩都有帮助。

研究表明，身体接触能增加大脑中催产素的分泌，促进认知能力的发展。

所谓"自我肯定感"，

指的是能这样想：

"我很重要"

"我有存在价值"

"活着真好"。

　　我认为在养育孩子时，培养孩子的自我肯定感是首要任务。学习和教养应该排在第二位、第三位。

"爸爸妈妈都夸我，

感觉自己受到了重视。"

"真开心啊！"

"感觉自己充满干劲。"

"我对自己感觉良好。"

"这个想试试，

那个也想试试。"

"我一定做得到！"

"每天都过得很开心。"

　　帮助孩子拥有这些感觉，让孩子对自己产生良好的认知，这将有助于培养他们的自我肯定感和对他人的信任感。

一位学生的妈妈曾拜托我：

"我在家里就夸他笔记做得很好。

如果也能受到老师你的表扬，

他会更开心。"

这位妈妈向补习班老师

也提出了同样的请求。

那个学生

在家里、学校和补习班

都受到了同样的表扬，

这样一来，他对做笔记

更有信心了，

学习也更加努力了。

　　我意识到这是一个好方法，并将其命名为"组团表扬"。相反，也有"组团批评"的情况，如果在家里、学校和补习班因为同一件事挨骂……

被夸奖长大的人，

自我肯定感高，

心理弹性也大，

因此

也更能从失败中重新振作起来。

"那些在责骂中长大的人，因为习惯了被骂，所以抗压能力强。即使失败了，他们也能重新振作起来。"这种说法是错误的。

要想培养孩子

对他人的信任感，

先培养良好的亲子关系很重要。

对他人有信任感的孩子，能与他人建立良好的关系。

当父母过多干预时，

孩子就会失去自主性。

当父母过度放任时，

孩子就会感到缺爱。

正确做法是

做到适可而止。

人们容易走向极端，所以做事保持平衡很重要。有一个说法叫"中庸即美德"。

"独立"指的是
想做的事
要自己寻找，
自己完成。

　　很多家长认为孩子能够自己起床、自己穿衣、主动刷牙、主动做作业等就是独立。当然，能做这些事是再好不过的。但即使孩子做不到这些事，他能一步步完成自己想做的事情，也是独立的孩子。相反，即使孩子能够做到这些事情，但不能完成自己想做的事情，也不算是独立的孩子。父母往往认为容易带的孩子就是独立的，但真正独立的孩子却很难带，因为他们有自己的想法。

在兴趣班的选择上，

与其选择对将来有用的课程，

不如选择

孩子现在喜欢的，

让他们能感到快乐充实的课程。

　　这对孩子的心理健康更有利，也会提升孩子的自我肯定感。如果为了对将来有用，而强迫孩子做一些不想做的事情，他们会变得抑郁。此外，在这个瞬息万变的时代，"对将来有用"的说法是无法保证的。教会孩子珍惜当下，培养他们的幸福体质，才是在未来也能拥有幸福生活的关键。

"财商教育 = 投资教育"

是错误说法。

财商教育的第一步是

让孩子学会控制

自己的欲望，

学会控制欲望的好方法是

执行零花钱定额制度，

使用零花钱记账本。

　　例如，让孩子固定每月可以领取一定的零花钱，并在零花钱记账本上做好收支记录，项目包括日期、收支明细、收支金额、余额、评价等。"评价"是指让孩子评判，认为买得值的话打√，觉得不应该买的话打 ×。评价不是立刻做出，而是大约一个月后，进行复盘评价。通过这样做，孩子就能够做到理智消费。由于是定额制度，如果孩子在刚开始时就随心所欲地购买想要的物品，就会给之后的购物带来困扰。通过这样做，就能够培养孩子自我控制的能力。

财商教育的 3 个原则：

1. 通过零花钱定额制和零花钱记账本，
   培养孩子的自我管理能力；

2. 通过储蓄获得成就感，
   培养孩子的存钱能力；

3. 投资能力是在长期投资中获得的，
   "钱滚钱"游戏不靠谱。

　　如果孩子乐意，可以让家长扣除一部分零花钱，并存起来。这将让他们体会到自动划款存钱的好处及储蓄的乐趣，并培养他们用剩余的资金进行理财的能力。如果他们用存下来的钱买自己想要的东西，也能体验到存钱买东西的快乐。

父母

不必

太担心，

随着孩子

渐渐长大成人，

很多事情就算不能做到尽善尽美，

他们也总能用自己的办法

顺利完成。

相信孩子，静待花开。

小学一年级，

不再让妈妈

牵手；

小学二年级，

不再让父母抱他了；

小学三年级，

开始写作业之前

要先去玩；

小学四年级，

开始

约朋友出去，

而不是和妈妈一起逛街。

这是一对母子的"编年史"。

第 5 章

让你能用积极的思考方式
培养孩子的
话语

当父母表扬孩子时，
也能提升自身的自我肯定感。

不做作业
也能肆无忌惮地玩耍，
说明孩子
胆子大，
将来可能是一位
能成就一番大事业的
大人物。

孩子好带并不一定是好事。

我行我素的孩子：

往往温厚、宽容，

包容度高、有同理心，

胸襟开阔、有气量，

体贴、友善，

富有想象力和创造力，

专注力和钻研能力强。

　　如果从积极的角度看待孩子的弱点，优点就会更加突出。

不善于收拾、
邋遢的人，
无论是大人还是小孩，
往往都极具创造力。

行为经济学家凯瑟琳·沃斯（Kathleen Vohs）的一项研究发现：有创造力的人与邋遢的生活习惯之间存在显著的相关性。

如果家长一味地批评
孩子的缺点，
那么他的优点就会被忽视，
甚至逐渐消失。

　　如果父母能用包容的态度对待孩子的缺点，他们的
进步反而会突飞猛进。

全面肯定孩子的话语：

"谢谢你成为我的孩子，

我很喜欢你"

"只要你在身旁，我就很开心"

"只要你在身旁，我就很幸福"

"和你说话，我觉得很愉快"

"和你在一起，我感觉充满活力"

"我永远站在你这边"

"你是全家人的宝贝"。

听到这些话的孩子，会产生自我肯定感和对他人的信任感。如果孩子具备这两感，就能在漫漫人生路上走得更顺利。

让孩子感到幸福的

五句话：

"我很喜欢你"

"谢谢你"

"你帮了大忙"

"你很努力"

"辛苦了"。

给家人、朋友，以及自己送一份言语上的礼物吧。

在睡前

被表扬的话，

睡着的时候

也会一直

保持愉快的心情。

如果在睡觉前被责骂，睡着时也会一直感到伤心。

如果你责骂不学习的孩子，

他会更加讨厌学习，

并陷入自我否定。

先暂缓学习的事情，

让他在自己的爱好上大展身手吧，

总有一天他会找到学习的窍门。

如果孩子专注于喜欢的事情，头脑就会更灵活。

当头脑灵活时，再去学习，知识就会源源不断进入大脑。

儿童和青少年

那些令人担忧的行为，

以前

被认为是

家庭教养造成的。

随着心理学的发展，

有研究表明：自我肯定感

和对他人的信任感低

才是原因所在。

不过，孩子存在发育障碍的情况除外。

大人也好，

小孩也好，

做自己

想做的事的时候，

是最幸福的。

勉强自己的事情做多了，心理会受到创伤。

当父母表扬孩子时，

不仅能提高

孩子的自我肯定感，

父母的自我肯定感

也会得到提高。

相反，责骂孩子，父母的自我肯定感也会降低。

让我们用语言
表达积极的感受：
"蓝天的感觉真好"
"这个真的很好吃"
"这个艺人很有趣"
"这件衣服很适合你"
"这里很温暖"
"和你在一起我很幸福"。

积极的话语会让你和你周围的人感到幸福。

没有人
对育儿毫不担心，
充满自信。
如果有，
这样的人反而更危险。
父母与孩子一起成长，
这就可以了。

养育孩子的过程中有很多不顺利的地方，这很正常，别太自责了。

列出 10 件在过去一年里发生的
好事、
快乐的事、
和努力过的事吧，
这有助于形成积极的思维方式。

带上孩子一起做这件事吧，回顾后也许会发现这一年过得还不错。

作为父母，

如果想提升

自身的自我肯定感，

可以尝试写下 50 个自己肯定

的事项，例如

自己的优点、

做得好的地方、

有所成长的地方、

想表扬自己的地方，等等。

有研究证明，父母的自我肯定感和孩子的自我肯定感是相关联的。

吃过苦的人，

才会理解

别人的痛苦。

人生没有白走的路。

尽管如此，如果可以，我也不想吃苦。

父母

也会犯错。

反省，

也是一种成长。

但是，

希望避免的是，

一直重复

同样的错误和反省。

哪怕每次只往前走 1 毫米，也能有所成长。

孩子们

不擅长骗人，

因此

总是直接挨骂。

成年人

擅长骗人，

所以

总能糊弄过去。

欺骗这项技能很重要呢。

如果孩子在某件事上试图骗你，那意味着他正在培养一项重要的技能。

我认为大人有必要避免反应过度。当然，具体情况具体分析。

在父母面前能任性的孩子，

意味着他们正在健康成长。

因为他们信任父母，

才能对父母说真心话。

这样的孩子

在家以外的地方也能努力奋斗。

在家里过得紧张兮兮的孩子，反而可能会在幼儿园、学校等外部环境中出现逆反行为。

父母和老师的
肯定的话语，
能滋养孩子。
否定的话语是
毒药。

　　既有"有毒父母"（"有毒父母"的概念最初来自美国心理治疗师苏珊·福沃德所著的《原生家庭：如何修补自己的性格缺陷》，指对孩子过度控制、情感敲诈、情感勒索，给孩子留下恐惧和负罪感的父母。——编者注），也有"有毒老师"。父母可以保护孩子，让他们免受有毒老师的毒害。那么，谁来保护孩子，让他们免受有毒父母的毒害呢？

别向高兴的孩子说这些
泼冷水的话：

"纯属侥幸吧"

"做是做到了，但做得马虎"

"下次要做得更快"

"希望能这样继续下去"

"因为问题很简单"

"不要以为一次就够了"

"你还可以做得更好"

"瞎猫碰上死老鼠，碰巧而已"

"你能自己完成就更好了"。

在孩子感到开心的时候，让我们一起分享这份喜悦。
当父母追求完美时，会不经意说出刺耳的话语。

"自己的事情要自己做！"

"不能让别人替你做。"

"不能给别人添麻烦。"

这样的话

对孩子说太多，

孩子长大后

就会变成不会求助的人。

　　在自己做不到的时候，请别人搭把手、让别人替自己做，是很重要的。只有拥有适当的求助能力，才有可能实现独立。此外，当自己不堪重负时，善于逃避、无视问题或者巧妙掩饰的能力也是很重要的。

孩子对父母说

"我想要这个"

"我想要那个"，

以及表现自己的自私、任性和叛逆，

都是非常好的表现，

这说明

他们的生存意志和能力很强。

难教的孩子也能成为一个优秀的人。

散漫也好，我行我素也好，如果孩子有生存意志和能力，就没有问题。

应该打印并贴起来的好照片：

· 孩子拥抱妈妈的时候。

· 孩子和爸爸一起玩。

· 兄弟姐妹友好玩耍的样子。

· 一起拍的全家福。

· 入园、幼儿园毕业、入学、毕业。

当孩子们

每天看着这些照片时，

就会产生

"我被每个人爱着"

"我也爱每个人"的感觉。

我把这些照片称为"赞美照片"。秘诀是把照片贴在与孩子视线持平的地方，让他们在日常生活中可以一眼看到照片。研究表明，这样做之后，孩子和父母的自我肯定感都会得到提升。

"有劳了"

"辛苦了"

"很累吧"

"你很努力了"，

成年人

收到这样的慰问和暖心的话语

会感到高兴，

所以

我们也应该对孩子说这样的话。

对孩子来说，学校是令人快乐但也让人疲惫的地方，孩子也需要尽力应对，就像成年人的职场一样。

因此，让我们也给孩子们送上慰问和暖心的话语吧。

不攀比，

不苛求，

不贪心，

常知足，

懂放弃，

能接受，

会偷懒，

对孩子宽容，

对伴侣宽容，

对自己宽容。

通过宽容获得松弛感。

早上照常醒来，身体健康，

每天都有饭吃，

能洗个热水澡，

能在被窝里睡觉，

也有一些小乐趣，

而且最重要的是

还有家人和孩子，

真是令人感激。

我们认为理所当然的事情，实际上都是值得感激的，应当对其保持感恩之心。

与其抱怨

自己没有什么，

不如感谢

自己拥有什么。

与其"对不曾拥有的东西苦苦纠缠"，不如"珍视已经拥有的东西"，这就是幸福的秘诀。

有房子住，

每天有饭吃，

身体还算健康，

孩子也很可爱，

可以说，现在是最幸福的。

如果你有一颗"感恩之心"和一颗"感知幸福的心"，你就能立刻变得幸福。相反，没有这两颗心，你就永远无法获得幸福。

育儿之道就是
"暖阳"胜过"北风",
肯定胜过否定,
理解胜过管教,
加分制胜过减分制。

家长能在育儿中实现自我成长。

缺点变成魅力，

短处变成长处，

弱点变成优势，

失败变成成功。

穿过痛苦，

走向欢乐。

最后借用了贝多芬的名言。

让我们

以太阳为榜样，

太阳永远都保持热情，

不管发生什么都保持心情愉快，

对任何人都一视同仁。

太阳无须任何人的祈求，

便慷慨地给所有人带来光芒。

太阳在日语中又被称为"天道大神"（相当于汉语的老天爷）。这真是个好词呢。

世间

偶尔会有

像太阳一样的人，

明朗、充满活力，

对谁都热情，

我也渴望成为那样的人。

当然，也有像北风一样冷漠的人。

第 **6** 章

让"一味地责骂"
消失的
话语

从不同角度
看孩子吧！

孩子的一言一行

都是有原因的，

如果我们能理解这一点，

就能原谅孩子。

即使你

不知道原因

也能理解这一定是某个原因导致的，

所以孩子也没办法。

只要能这样想，就可以原谅孩子。

如果父母保持宽容的态度，孩子就能安心生活。当他们觉得安心时，对兄弟姐妹和朋友也会更加友善。

有些孩子即使遇到失败，

也会表现得毫不在意，

有时候看起来

就像没有反省一样，

虽然作为家长

想以严厉的语气责备孩子，

但其实孩子也在用他们的方式

进行自我反省或表达沮丧，

因为他们不像成年人一样

擅长察言观色，

所以他们无法摆出一副

"我正在反省"的样子。

成年人擅长摆出一副自己正在反省的样子。
虽然有些孩子也擅长这样做，但多数孩子是不擅长的。

每个孩子

都有天生不擅长的事情，

这些短板难以得到修补。

成年人会尽量

避免做自己不擅长的事情，

或者让别人替自己完成，

来巧妙地掩饰。

所以让孩子因此受到责备

是不合理的。

因为孩子不像成年人那样懂得应对，所以往往会直接挨骂。

孩子

对低气压非常敏感。

雨

要下不下时，

他们会无法控制自己，

变得懒散，

注意力不集中，

沉不下心，

容易和人吵架，

失误和受伤的情况也会增多。

　　这种时候，即使想让他们振作起来也是白费力气，选择放弃也是个办法。

当父母感到烦躁时，

请提前为孩子拉响"避难警报"：

"因为妈妈现在觉得很烦躁，

所以你最好不要继续待在这里。"

孩子们

就可以在"火山爆发"前撤离，

父母也可以避免把烦躁情绪

发泄在孩子身上。

家长们要避免将压力发泄到孩子身上。

孩子们

无法

一心二用，

所以当他们正在做某事时，

即使跟他们说"你去做 ××"

也是无用功，

必须进入他们的视线范围内

面对面交流才行。

　　即便这样做，你还是担心的话，就温柔地对孩子说，
"说一说妈妈刚才说了什么"，让他们尝试复述一下。

对孩子说这些话

<u>100%</u> 是没用的：

"收拾整齐"

"好好做"

"快点"

"为什么"。

"收拾整齐"这种说法很抽象，不容易理解。

我们应该具体地说"把玩具放进这个箱子里"。

"好好做"也很抽象。

我们应该具体地说"做 ×× 这件事"。

"快点"也很抽象。

如果说"让我们在分针指到 3 前做完吧"，这就很具体了。

问孩子"为什么要 ××"也是没用的。

只有家长认真思考"为什么孩子不能做到 ××"，才能真正理解原因和理由。

愤怒是一种正常的情绪，

愤怒本身并不是坏事，

真正不好的是

将愤怒发泄在他人身上。

当心里觉得不爽时，

如果能够自我觉察，

就可以避免将情绪发泄在他人身上。

愤怒和烦躁是人类的正常情绪。如果压抑这些情绪，并对自己说"不能生气，不能烦躁"，就会觉得痛苦。

另外，你会觉得"自己是一个容易烦躁的失败者"，这样会导致自己陷入自我否定。

重要的是，要在这个时刻意识到"我现在感到烦躁"，并观照这种情绪。"观照"是指客观地观察，不带有任何主观情感。

当我们进行观照时，烦躁情绪自然会平息。但是，一旦开始产生"烦躁是不好的，所以要压抑它"等主观意识，反而会产生相反的效果。

在有情绪时先观照当前正在发生的状态，不进行主观判断，这样做至关重要。

当妈妈心情不好时，

她的呼吸会变重，

会大步走路，

会把东西重重地放下，

会"砰"的一声关上门。

当心情不好时，大家往往会发出很大的声音吧。

这一方面是为了缓解烦躁情绪，不让情绪发泄到别人身上。

另一方面，这也可以传递"妈妈现在很烦躁，你们要小心！"的信息。

尽管如此，如果过度出现这种行为，孩子们就会过得提心吊胆。

压力过大的父母，

脾气快控制不住时，

孩子

往往会不幸地

成为导火索。

而真正的原因，

并不是孩子。

　　我在担任教师时，为了给孩子们创造良好的教育环境，会特别注意自己的言辞和态度。但偶尔也会不小心使用某些不好的说话方式，让之前的努力付诸东流。
　　这正是因为当时自己的情绪不好，自从意识到这一点以来，有效控制自己的情绪就成了我教师修行的一个重要课题。

当大人

忙得焦头烂额的时候，

就会无意识地

想骂孩子。

成人的压力会无意识地流向处于弱势地位的孩子，就像水往低处流一样。

不爽和烦躁

是不同的，

一旦

觉察到自己不爽，

马上深呼吸，

就会让烦躁尽快消失。

　　只需深吸一口气，将满满的空气吸入胸腔内，然后慢慢地、长时间地呼气，就会有效缓解烦躁情绪。

在育儿过程中，

父母总是面带微笑是不可能的，

即使告诉自己不要烦躁，也不可能。

虽然如此，

但更重要的是

要觉察到自己的烦躁情绪，

如果能觉察到，

就可以避免对孩子发火。

没有人不会在育儿过程感到烦躁。应对的关键首先是觉察到自己的烦躁情绪，然后，可以做深呼吸，离开孩子一会儿，闭上眼睛用心审视自己的烦躁情绪，让自己冷静下来。

明明我

每天都小心翼翼，

还是会忍不住大发雷霆，

责骂孩子，

这样之后的感受太痛苦了，

令人疲惫不堪。

大家不想重复同样的事情吧?

即使你嘴上对孩子说

"你可以实话实说，

我不会生气"，

却还是一脸怒气，

浑身散发着愤怒的气息，

这种情况下，无论如何

孩子都不会说实话的。

当你说"我不会生气"时，实际上已经在生气，这
对孩子来说是显而易见的。

孩子们暗地里的想法：

妈妈

绝对不会买

她自己讨厌的食物，

却经常买

孩子不喜欢的食物。

妈妈

总是说"快点快点"，

但出门前化妆却超级慢。

爸爸

总是叮嘱我们要好好学习，

但从未见过

爸爸学习。

各位大人，孩子们都在看着你们呢。

当大人把自己的不愉快

发泄在孩子身上时，

孩子们对他们的真实想法是：

"你自己有这么了不起吗？"

"我不想听你说"

"难道你小时候

就什么都会了吗"

"你说的和做的

一样吗？"

"出问题不要怪孩子"……

我试着为孩子们代言，

说出他们的感受。

想象一下，当大人把自己的不快发泄在孩子身上时，
孩子们会对他们产生哪些真实想法。

因为孩子是
脆弱的存在，
所以为了保护自己，
他们有本能的直觉，
去看透成年人的心思，
不能小看他们。

孩子的洞察力有时甚至超越成年人。

父母的"必杀技"是，

撒谎说可以为了孩子

对自己的事情都置之不理，

实际上最先考虑的还是是否方便自己。

其实孩子已经看穿这一切。

虽然

父母总是对孩子说

"不能三天打鱼两天晒网",

但自己

遇到挫折也会想要放弃。

　　这样的时候,不妨参考日本诗人相田光男的话,对孩子、对自己说"跌倒了也没关系,毕竟我们是人"。

父母总是抱怨

"同样的话

要对孩子说很多遍",

但对自己却很宽容。

"从今天开始减肥"

"从现在开始每天做仰卧起坐"

之类的话,

不管说多少遍

都觉得没关系。

人是很难改变的。因此,多对孩子耐心重复吧。反正都要说,不如用轻松愉快的语气说给他们听。

令人失望的父母的 10 个特征：

1. 容易发脾气；

2. 爱用否定性词语；

3. 喜欢把自家孩子与他人做比较；

4. 不满足于现有的东西；

5. 很少表扬孩子；

6. 爱面子；

7. 只在乎结果；

8. 把自己的价值观强加给孩子；

9. 不体谅孩子的感受；

10. 不尊重孩子的人格。

你有符合的吗？

如果你能意识到自己也有这些特征的话，问题就会逐渐改善的。

父母应该把"为什么"
改为"怎么办"，例如：
"为什么要吵架呢？"
改为
"怎么才能和睦相处呢？"，
"为什么不收拾呢？"
改为
"该怎么收拾呢？"，
"为什么忘记了呢？"
改为
"怎么做才不会忘呢？"。

　　父母问"为什么？"时，孩子会认为自己被批评了，因此会感到害怕，从而陷入思维停滞状态。
　　如果改为问"怎么办？"，则会引导他们去想解决方法。

家长对孩子撒气，

是因为孩子犯错了吗？

还是因为自己和丈夫吵架、

被上司讽刺、

工作的截止日期

迫在眉睫等原因？

如果有这些其他原因存在的话，

孩子就是无辜的。

如果家长生气时出现"平时可以原谅孩子，但今天无法原谅"的情况，最好考虑是否存在其他原因。

成功考进难考的名牌大学的孩子，

他们的家长在孩子的幼儿时期

都重视以下 3 点：

1. 让他们尽情玩耍；

2. 培养孩子玩耍时的自发性；

3. 让孩子专注于喜欢的事情

并让他们认真地完成。

这项研究的结论是"通过喜爱的游戏来发展（指与智力水平无关的能力，也就是人们常说的"软技能"。——编者注），与学习成绩的提高直接相关"。

父母对子女说的话，

子女会反馈给父母；

父母为子女所做的事，

子女也会回报给父母。

这是自然法则，

只是因为存在时间差，

人们没有意识到这一点而已。

这种现象有许多说法，比如回旋镖效应、因果法则、因果报应等，都在给我们讲同一个道理。

孩子们
今天说的话，
就是父母
昨天说过的话。

父母说哪里的方言，孩子也会说哪里的方言。如果父母的话语里充满着否定性的表达，比如"又没做××""不做××啊"，孩子的表达习惯也会变成这样。

家长如果想培养出
脾气好的孩子，
就要成为脾气好的父母；
如果想培养出
暴脾气的孩子，
那成为暴脾气的父母就行了。

孩子们虽然不听父母的话，但会模仿他们的行为。

在批评孩子之前，
先动脑筋想想
恰当的方法
和措辞的技巧。
通过上网搜索，
也能找到一些技巧。

比批评更有效的是技巧。

"必须要做 ××"

改为

"可以做 ××"，

"为什么不做 ××"

改为

"那就来做 ×× 吧"。

　　没有孩子会被否定的话语激起干劲，改用积极的表达方式吧！

当你告诉孩子一些事情时，
请一次只说一件事。
如果你同时告诉他们两三件事，
你一讲完他们就忘了。

如果你想说的事情不止一件，请把这些事写在白板或一张纸上，这样就能一目了然了。如果不想太麻烦，你也可以只写关键词。

厕所里贴着

"感谢你

使用时注意环境卫生",

看到这个标语,

你上厕所时也会保持环境卫生。

某个补习班的教室里

贴着

"你姿势端正,给人感觉很好"

的标语,

孩子看到时也会保持坐姿端正。

在家里也试试吧。

即使还没做到,提前对"希望他们能做到的事和想让他们去做的事"进行表扬,就会有引导效果,这样的标语也具有"提前表扬效果"。

"收拾整齐"

改为

"放进这个箱子里"，

"好好叠起来"

改为

"把两端对齐"，

"快点"

改为

"5 分钟搞定"。

当孩子听到"整齐点""好好做""快点"这样的抽象表达，并不清楚实际应该怎么做。重要的是要给出具体的行动指示。

如果孩子

只做

他们自己想做的事情，

父母不要责骂他们，

而应该对自己说

"现在是

他们成长最快的时候"。

当他们专注于自己喜欢的事情时，大脑是最活跃的。因此，他们的头脑会变得更灵活。

父母在育儿过程中说得越多，

骂得越厉害，

会适得其反。

打破

恶性循环，

需要

彻底改变策略。

彻底改变策略，可以通过以下两种方式实现：
1. 更多关注孩子的优点，表扬孩子，对缺点保持宽容。
2. 支持和鼓励孩子专心做他喜欢做的事。

真理

父母改变，

孩子也会改变，

这是育儿的真理，

这个顺序永远不会变。

父母一成不变的情况下去改变孩子，是不可能做到的。

试图改变孩子的父母
有很多，
但是
能够改变自己的父母
却很少。

即使是自己的孩子，他们也是独立的个体，我们很
难改变他们。

只要改掉否定式的口头禅，

父母和孩子都会开心起来：

把 "你又没做好"

"要说多少次才行啊"

"这样不行吧"

改为

"你做到了"

"谢谢你"

"好开心呀"

"你帮了大忙"。

在该表扬的时候表扬孩子，批评的次数自然会减少。

大人

常常忘了

自己

曾经

也是个孩子

这件事。

父母常常在孩子面前说自己有多厉害，却忘了自己
小时候也做了很多愚蠢的事情。

"明明是我忍着疼痛

辛苦生下来的孩子，

为什么不按照我的意愿行事呢？"

这种想法难道不是

把孩子

完全看成了自己的附属品吗？

　　孩子完全是另外一个独立个体，与父母有着完全不同的个性。所以，不可能完全按照家长的意愿去做。

当父母是

具有"must 思维"方式的

完美主义者，

孩子

就会总挨骂，

无论努力

还是不努力

都会挨骂。

"must 思维"又称"不得不思维""应该思维"，对此有效的是认知行为疗法，认为自己有相关问题的父母可以上网搜索、查找资料。

认真、

责任感强的父母

由于"must 思维"强，

常常无法容忍

顽皮、

懒散的孩子。

如果觉得自己的"must 思维"过强，也需要向孩子学习，学会让自己放松下来。

"有毒父母"

并不觉得

自己是"有毒父母"。

我们应该时不时对自己的行为进行复盘，问问自己
"我是不是成了一个'有毒'的父母？"。

不会大声打招呼，

不是教养的问题，

也不是孩子的问题，

只是孩子

因为害羞

降低了声音。

礼貌地打了招呼，

就足够了。

　　就算是大人，也并没有"欢快大声地打招呼"吧。单单是孩子努力尝试打招呼的这份心意，就已值得赞扬了吧。打招呼这种事，总有一天，孩子自然而然地就会了。

在严厉地斥责孩子
"不可以 ×× ！"时，
请立即补一句
"但是
我能理解你的心情"。

这句话，会让孩子和父母都得到些许宽慰。

当父母把气

撒在孩子身上时，

不要

等孩子睡着

再去道歉，

而要趁孩子还没睡的时候

就道歉。

父母要好好向孩子道歉，说"刚才说得太过分了，对不起"，这样孩子会感到安心，而且这也是向孩子树立道歉的榜样。不过，在那之后不要多此一举，说"但是你不能那样做"。

当孩子打破了盘子的时候，
有人会说
"你在干什么！"，
还有人会说
"没事吧？"。
你是哪一类人？

我想，如果是成年人之间，会说"没事吧？"，但是面对孩子的时候……

"管管他吧"

"改正 × × 吧"，

当家长这么想的时候，

对孩子的批评就会越多。

"让我们和睦相处吧"，

这样的感觉就刚刚好。

如果你和你的孩子每天都过得开心，那么一切都会变得更好。

孩子们

虽然

没有说出口，

但是心里

想对爸爸妈妈说，

"希望你们

不要那么凶，

能多对我笑一笑"。

其实，爸爸妈妈心里也希望自己能做到吧。

不要勉强自己，

也不要勉强别人。

勉强去做的话

某个地方就会变歪，

"歪"这个字

写作"不正"。

　　不要继续勉强自己和孩子。继续勉强，压力只会越积越多。

　　父母自己有压力时，自己很快就会发现；但当孩子有压力时，父母却不容易发现，因此要多注意关心孩子，不要勉强他。

要是睡前被骂，

睡着的

一整晚

都会保持

悲伤的感觉。

连续几个小时保持悲伤的心情，这太痛苦了。所以，让孩子能满怀幸福地入睡吧。

当孩子

经常被父母责备时，

孩子

就会变得

无法原谅兄弟姐妹或朋友的过错。

当然，对父母的过错也一样。

希望父母能成为孩子学习原谅他人的榜样。

如果家长总是

把管教孩子放在首位，

就会忽视

与孩子平等相处。

希望我们首先成为相互平等的个体，

然后才是父母和孩子。

站在你面前的孩子，是与你平等的人。以平等的关系，和孩子相处吧。

严厉的管教

和沉重的学习

让孩子和家长

都失去了笑容，

那就最好不要再做

这样的事情。

让我们想想什么才是真正重要的。

遭受体罚的儿童

出现以下情况的风险会增加：

- 攻击性变得更强。

- 出现反社会行为。

- 患上精神疾病。

这是美国一项关于体罚影响的调查报告结果，此调查对 36 000 人进行跟踪研究，时间最早追溯到 60 年前。

面对叛逆期的孩子，

如果我们以佛祖

让孙悟空在手掌心玩耍的

那种姿态去对待，

就不会感到愤怒。

因为即使对叛逆期的孩子采取强硬态度，也是没有意义的。

今天我想给

各位家长

布置一道作业：

当孩子回家时，

紧紧抱住他们，

保持 8 秒。

有好好完成作业吗？

记得明天

来交作业哟！

有位老师给孩子们布置了一道作业，跟他们说"今天的作业是让家人给你一个大大的拥抱"。灵感或许来自宗正美子与井本蓉子所著的绘本《家庭作业》。

有位母亲笑着说："因为孩子上小学后，我们就没有身体接触了，所以这次的拥抱对我来说是非常美好的回忆。不过孩子可能觉得害羞，有点儿别扭。"

第 7 章

让学校生活和学习
都顺利的
话语

为孩子创造
轻松愉快的学习环境吧！

要是孩子问你

"学习是为了什么？"，

实际上

孩子真正想说的是

这些事情：

"学不懂，很无聊"

"请讲得更简单易懂一点"

"让我按自己的节奏前进"

"要求太高做不到"

"帮帮我"。

不了解孩子的真实想法，

即使你振振有词地回答

"为了××"，

也无法真正回应

孩子的心声。

在同样的进度下进行的集体授课中，跟不上的孩子只能干坐在那里，什么也听不懂，但对已经学会的孩子来说，却是很无聊的。孩子的学习必须根据个人情况进行优化。

孩子

学不懂，

并不是因为偷懒，

不要骂他们，

"上次不是教过你吗"

"为什么不会呢"。

要温柔、耐心地

教导他们。

就像我也不擅长养老金、税收制度以及 IT 等方面，同样的东西不管别人教我多少遍，我都会忘记。

如果因为学习的事情
而批评孩子，
孩子
就会讨厌学习。

　　如果因为学习的事情表扬孩子，孩子就会喜欢学习，
这是人之常情。

孩子入学前，

家长会担心这担心那，

一旦上学了，

就会发现出乎意料地顺利。

　　"百思不如一试，实际做并没有想象中难"，这样的事情也挺多的。

当孩子沉浸在游戏中时，

表扬他

"你挺专心的"，

孩子会认为

自己具备专注力。

当他在学习时，

也会开始觉得

"因为我能集中注意力，

所以我能努力学习"。

　　当用挖苦的口吻说"把这专心用在学习上吧"，孩子会开始认为"自己可以集中注意力去玩游戏，但不能集中注意力去学习，自己是个差生"。

当评价

孩子学习上的表现时，

首先要表扬他们已经做好的部分，

然后找出值得表扬的部分

来表扬。

纠错

应安排在表扬后进行，

这样孩子就会觉得

"学习很快乐"。

脑神经科学表明，大脑是一个"误解的专家"。

当父母在学习方面批评孩子时，孩子会觉得"学习很不愉快，所以讨厌"。实际上，是因为父母的否定性言辞让孩子感到不愉快，但在孩子的大脑中却引发了误解，产生了"学习不愉快"的想法。

在辅导孩子学习时

不要说诸如此类的话：

"刚才不是教过了吗"

"为什么不会做"

"要讲多少遍你才懂"，

而要温柔、耐心地教导他们。

孩子绝对不是

在偷懒，

只是大人不耐烦时

孩子就会紧张，

反而更做不出来了。

不带任何责备的语气，用温柔的话语来辅导孩子，会带来更好的结果。

"一学习就挨骂"

有这种想法的孩子相当多，

为什么会这样？

那是因为

当孩子们展示他们所学的内容时，

多数孩子会被说

"你没有好好读题吧"

"写得再工整点"

"错了这么多"，

这当然会打击他们的学习积极性。

如果你想让孩子好学，

那就从表扬他们开始，

这是一条金科玉律。

如果孩子在学习这件事上，听到的都是否定性的评价，肯定会开始讨厌学习。

根据

孩子的理解程度和熟练度，

按孩子的节奏

去推进学习进度是很重要的。

有必要的话，

可以复习之前的内容，

以夯实基础。

也就是说，因材施教是最有效的。

日本的学校基本上都是集体同步授课，对于听不懂的孩子来说只会是痛苦，这是导致逃学孩子的数量增加的重要因素之一。

当孩子说

"我不想上学"时，

如果强迫他去，

孩子可能会出现以下风险：

· 更加痛苦。

· 产生对父母的不信任感。

一边倾听孩子说话，

一边表示理解认同是很重要的。

这种情况下，父母一边倾听孩子说话，一边表示理解认同，孩子也能调整好自己的情绪，父母也能得到更多信息，找到应对方法。

孩子不上学在家时，要让他们过得无忧无虑、快乐充实。尤其重要的是，父母不要有责备孩子之类的行为，要向孩子不断传达"我站在你这边"的信息。

向孩子的朋友、他朋友们的父母、老师和学校心理咨询师等了解情况也很重要。

当父母对老师不满意，

希望老师改变他们的做法时，

为避免

被当成"怪兽家长"，

要用成熟的交涉技巧

来巧妙地表达。

成熟的交涉技巧中，至关重要的是首先要营造良好的氛围。要做到这一点，一开始就表扬老师是很有效的，比如这样说：

"孩子说新老师很有趣。"

"感觉老师你的课既有趣又容易理解。"

"自从老师你带了我的孩子，他变开朗了。"

营造了良好的氛围之后，就可以进入正题了。也不要以抱怨的口吻去表达，而应以"我有个问题，想向你咨询一下"的口吻去表达。

不要立即用"但是"来回应老师所说的话，而是要边倾听边表示理解认同。

然后，巧妙地把你真正的诉求告诉老师。

（"怪兽家长"指的是，以自我为中心，屡次对学校提出无理要求、妨碍学校正常管理的家长。有些家长会直接向校长或者教育委员会等拥有更高权限的部门进行投诉，从而间接地向老师和学校施加压力。）

老师也是各种各样的：

有优秀的老师，

也有令人头疼的老师，

也有只会看到

孩子缺点的老师，

有脾气暴躁的老师，

也有毫无干劲的老师，

还有完全沟通不了的老师，

还有像活在上个世纪一样

守旧的老师。

为了孩子的利益，有必要的话，可以用成熟的交涉技巧去与学校协商一下。

现实问题是

即使父母全力支持

也有孩子学不好，

但是不代表

这样的孩子

一辈子都学不好。

有的孩子在初中成才，

有的孩子在高中成才，

有的孩子在大学成才，

也有的人在参加工作后成才。

有的人在参加工作后 10 年

才有所作为，

有人中年之后才有作为，

也有人退休之后才有作为。

现在是百岁人生时代，所以没有必要着急。总有一天，孩子会打开自己的动力开关，就算不是与学习相关也可以。

每个人的最终目标绝不是通过小升初、中考或者高考。

有下列情况的儿童不适合参加初中择校 [①] 考试：

·心智尚未成熟。

·尚未形成自我管理能力。

·学习动机尚未形成。

·既不爱学习也不擅长学习。

孩子的成长速度各不相同，早熟不一定就是好事。也有后来居上的孩子，所以要好好观察孩子的成长速度，如果觉得还为时过早，就要有勇气选择退出初中择校考试。当孩子处于这个年龄段时，一味地责备他们不学习绝对是不可取的。

---

① 本书中关于学校、考试、教学科目等涉及教育制度与体制的具体内容，是针对日本国情而言，建议读者根据自身情况酌情参考。——编者注

在学校时

被要求

"不要一个人特立独行"

"要和大家保持一致",

在开始工作时

被要求

"不能跟大家一样"

"要做别人不做的事"

"要有创新",

突然被要求这样,

大多数人都不可能做得到。

　　日本的学校,包括课堂和课外活动在内的一切,都是基于所有人在同一时间以同样的方式做同样的事情这一大前提而设计的。这显然已经过时了。

日本的学校是以
集体主义为大前提而设计出来的，
要求每个人在同一时间，
以同样的方式做同样的事情。
现在早已不是这样的时代，
学校制度完全过时。
逃学率之所以不断上升，
是因为孩子们正在用自己的行动
来告诉我们这一点。

如果我们不认真解决教育的因材施教问题，日本就没有未来。

输出型学习

据说比输入型学习

更有效。

输入型学习就是

用耳朵听，

用眼睛看。

输出型学习包括

教导他人，

亲自体验、练习、表达，

与他人讨论，

解决问题。

美国国家训练实验室将学习方法分为七类，并根据效果进行排名，将其命名为学习金字塔。

根据学习金字塔可以知道，当学生不停留在被动地接收知识的阶段，而是在输出信息的同时主动学习，他们对知识的掌握程度会更高。

如何在家中

轻松完成输出型学习？

那就是

父母要对孩子说

"告诉爸爸妈妈

今天在学校学了什么"，

孩子为了讲给父母听

他们需要回忆所学内容，

用自己的方式进行总结

再表达出来，

这个过程

可以让他们回顾和重构所学内容，

帮助他们巩固记忆。

　　这是犹太人家庭常用的方法，被称为"犹太学习法"或"哈柏露塔学习法"。但是，如果孩子不愿意、不配合，请不要强迫他们去做。强迫他们这样做，会导致他们厌学，甚至因此破坏亲子关系。

在教幼儿

学习拼音时，

可以从游戏开始。

先熟悉写着拼音的积木、卡牌、

拼图、软件、海报、绘本，

接着，读自己的名字、家人的名字、

朋友的名字、宠物的名字等。

然后，

他们自然而然会想尝试写出来，

那么这时候

就可以开始教他们写拼音。

　　文字习得的关键是，通过游戏等方式在玩乐中学习，循序渐进。如果你突然说"这是××，会了吗？那我们来试着写一写"，这样做难度也太大了，孩子会觉得"拼音太难了，我不喜欢"。汉字和罗马数字的学习也是如此。

孩子回家后，将书包里的东西
全部倒到宽而浅的盒子里，
那么做完游戏后
更容易开始做作业。
进一步来说，
提前将作业放在桌子上，
这样会更容易进入状态，
这就是"提前准备法"。
再进一步，
玩游戏之前只做资料上的一道题，
抄写作业先写一个字，
这样孩子会更加容易开始，
这就是"提前一题法"。

　　很多孩子都很难开始做作业和学习。家长在批评之前，让我们教孩子做出合理的改变，这种"提前准备法"和"提前一题法"相当有效。

如果孩子学习不好，

与其提高所有科目的

平均水平，

不如优先发展

喜欢且擅长的科目。

如果做到定点突破，

那之后就能看到

全面扩张。

　　合理配置有限资源，定点突破，这个方法在中国古代的《孙子兵法》中有相关记载。在现代，则作为商业领域的兰彻斯特战略的关键思想而闻名于世。

最简单有效的

备考复习方法就是

大声朗读教材，

特别是对社会、英语、语文

这些科目

尤其有效。

学校考试

都会考查

教材上出现的内容，

因此教科书是

一本已经有考试答案的秘籍。

如果熟读到背下来，

将在考试中拥有很大优势。

我想很多班级会布置朗读语文教材作为每天的作业。

有时不妨布置朗读语文之外的其他教材作为作业，尤其是在考试之前。

如果手边有

图鉴和学习漫画，

孩子们

就能开心流畅地阅读。

阅读量越大，知识储备就越多，

钻研精神会得到培养，

智力水平也会提升，

对学习也有帮助，

学习成绩也会提高。

家里有五六本

还远远不够，

要准备多一点，再多一点。

虽然去图书馆借书也是可以的，但是如果其中有孩子喜欢的书，一定要买给他们。

在厕所里贴一张地图，

在客厅里

放一本地图册和一个地球仪。

鼓励孩子寻找并标记

电视或谈话中提到的地名，

这会让孩子喜欢上地理。

如果孩子喜欢地理，

其他相关学科的成绩也会提高。

社会学所涉及的历史、政治、经济等都与地理有关。
因此，喜欢并擅长地理，会对社会学整体的学习产生积极影响。

玩卡牌游戏

能边玩边提高学习能力，

历史卡牌、

地理卡牌、

天文卡牌、

汉字卡牌、

谚语卡牌等都是如此。

因为孩子们想要在游戏中取得胜利，

所以会很快记住。

即使是"学习"的时候，怎么都记不住的知识点，如果做成卡牌，孩子在玩的时候一下就记住了。

有个孩子

通过天体望远镜看到了真实的土星，

被它在漆黑的宇宙中

展现出的神秘美丽所感动。

从那时起，

他开始留意在书本上、电视上、

网络上看到的

有关宇宙和行星的信息，

几年下来积累了大量的信息，

并转化成了丰富的知识储备。

等到在初中的课堂上

学习行星知识时，

他学得不亦乐乎，

对天文学的兴趣更加强烈。

在河里放一根木桩，流过来的东西就会被卡住并积累起来。这个孩子通过一次真实体验，打下了一根关于行星的知识桩。

当关于宇宙的信息在日常生活中漂流而来时，就会卡在那个知识桩上，并不断积累起来。

在这种情况下，如果在学校的课堂上学习这些知识，就会学得不亦乐乎。

通过真实体验，让孩子们打下各种各样的知识桩吧。

我有一个特别喜欢足球的学生，

他尤其喜欢

皇家马德里[①]。

我在地图册上找到了

球队主场

马德里这个地名，

用荧光笔

标记了那个地名，

并用圆珠笔

写上了"皇家马德里"。

他通过这种方式，

记住了 100 多个球队的主场地名。

从那以后，

他开始经常看地图册，

地理也因此学得很好。

　　这是将学习与孩子喜欢的事物联系起来，引导他们快乐学习的好例子。

　　但是，如果孩子不配合，就不要强迫他们。

[①]　一家位于西班牙首都马德里的足球俱乐部。——编者注

通过性教育

保护孩子吧：

泳衣遮住的地方

是只属于自己的重要部位，

泳衣区

不能给任何人看或者触摸。

要告诉孩子，

如果有人试图看或触摸

你的重要部位，

要坚定地说"不可以！"。

儿童可能在他们自己也不知情的情况下受到性侵犯，谈论泳衣区是防止这种情况发生的有效方法。

泳衣区也叫隐私区，但泳衣区更容易让孩子们理解。

如果孩子问

为什么泳衣区

很重要?

家长就可以告诉他们

"因为这是生孩子的

重要部位"。

孩子们也知道婴儿非常重要。

因此,告诉他们"泳衣区对于生孩子很重要",他们就能理解了。

通过家长和孩子之间的民主讨论

来制定孩子接触手机、游戏、

社交网络的规则，

是至关重要的。

如果父母单方面强制执行

自己定的标准，

孩子绝不会遵守。

在制定规则时，重要的是父母和孩子互相倾听、互相理解，一起民主地做出决定。

这就像外交谈判一样，我们要坚持自己的观点，可以让步的地方要让步，找到双方都能接受的结果。

一旦规则制定好了，就要在白板上写下来，变成明文规定。

让孩子用这样的方式参与规则制定是很重要的，只有这样孩子才会有意识地遵守规则。

如果父母因为孩子玩游戏

而严加斥责，

孩子会产生孤独感，

这会增加

孩子游戏成瘾的风险。

父母不断责骂孩子玩游戏，让他们感到孤独，这是很危险的。

最好是父母作出让步，尝试通过游戏深化亲子沟通。

例如，听孩子谈论游戏，表扬孩子游戏玩得好，尝试和你的孩子一起玩游戏，让孩子教你怎么玩游戏。

第 8 章

善待
自己的
话语

"光是把孩子生下来，
就已经很了不起了！"
这样夸奖自己吧！

不听话，

该做的事不做，

不能做的事偏要去做，

跑过来说"看我看我"，

迟迟不肯睡觉，

把东西弄脏，乱扔玩具，

打架、哭泣、发脾气，

玩起来就异常兴奋……

每天都在面对

这样的孩子，

你真了不起！

每天带孩子，辛苦了。
育儿既是体力劳动也是脑力劳动。
准确地说，去上班比带孩子还轻松一点。

育儿，

就像在一个巨大的迷宫中

摸索着前进一样，

因为

每个父母都是初学者。

育儿是一项艰巨的任务，所以请不要一个人烦恼。

如果在育儿过程中遇到困难，
就向不同的人请教吧。
找人倾诉，
寻求帮助。
三个臭皮匠，胜过一个诸葛亮。

一个人硬撑是很危险的，请多多寻求帮助和支持吧。

养孩子是一件很累的事，

无论是谁做都会累。

父母需要休息和治愈，可以用这些

方法：

· 拜托他人。

· 与孩子分开。

· 向他人寻求帮助。

· 向他人倾诉烦恼。

独自承担抚养孩子的责任，

对父母、

对孩子，

都是非常危险的。

希望我们的社会成为一个对育儿友好的社会！

石头永不疲倦，

因为它们没有生命。

而拥有生命的人

只要活着就难免会感到疲倦，

因此

人生来就有

休息的权利。

如果你累了，就去休息一会儿吧。你有权休息。

育儿

是一场持久战，

不能一味地勉强自己。

妈妈们

每天也要拥有自己的时间，

有时间做自己喜欢

或者想做的事情，

有时间犒劳自己。

完全没有这样的时间，压力会大到超乎爸爸们的想象。想方设法为妈妈们留出属于自己的时间，也是爸爸们的重要职责。

父母偶尔也要
为自己腾出时间，
让自己放松一下。

马不停蹄地努力是不可能的。

原谅自己

就可以变得幸福，

这就是

自我关怀。

自我关怀就是疼爱自己。
像关心他人一样，让我们也好好对待自己。

育儿的每一天

都如台风过境般

忙乱，

偶尔需要拥有自己的时间

好好放松一下，

否则真的受不了。

歇一会儿，歇一会儿。

所谓休息日，

就是休息的日子。

因此，

休息日就休息吧，

家长们

常常忘记了要休息。

偶尔放松一下，好好充电吧。

学会巧妙地逃避，

熟练地偷懒，

适度地懈怠吧。

一个聪明人

要善于逃避，

善于偷懒，

善于懈怠。

不是每件事都需要努力做好，明白哪些事情该努力、哪些事情可以放弃，做好选择更重要。

一天

过得

也太快了，

明明什么都没做，

就已经到晚上了。

一年的时间也过得真快，10 年一转眼也过去了。

妈妈其实
也不想生气，
妈妈其实
也想笑容满面，
妈妈偶尔也想
放松一下，
妈妈偶尔也想
好好睡一觉。

这些事都可以通过身边人的支持来实现，但一个人却很难做到。

在养育孩子方面，

要认识到

依靠他人的能力、

向他人撒娇的能力、

寻求帮助的能力，

也是重要的能力。

育儿是世界上最重要也是最困难的工作。

如果母亲能够通过获得他人的帮助而感觉轻松一点儿的话，也有利于孩子的成长。

在养育孩子的过程中，

父母不必包揽所有的事情。

父母做不到的事

可以由其他人代劳，

比如长辈、老师、朋友，

前辈、后辈，

同事、伙伴，

兄弟姐妹，等等。

我们都是这样长大的。

大人也好，小孩也好，

自己做不了的事情，

就请别人帮忙。

善于依赖的人，

才能变得独立。

父母应该为孩子做他们不擅长或做不到的事情。父母替孩子做了，孩子就无法独立，这是一种错误思想。

经常说

"对不起"的人

不擅长撒娇，

经常说

"谢谢"的人

擅长撒娇。

站在对方的角度来说，也是听到"谢谢"更开心。

家长想把育儿、家务、工作等事情全部

都做得完美无缺，

显然是不可能的。

慢慢来就好了。

当你学会拒绝，

人就会变得轻松。

学会巧妙拒绝讨厌的事情，

好好保护自己吧。

这对对方也有好处。

获得松弛感的方法
不是决定
应该做什么事情，
而是决定
不做什么事情。

　　不仅要列出待办事项清单，还要能列出非待办事项
清单。

日本人的人生

是一场忍耐大赛，

即使是讨厌的事情也要忍耐

并继续下去。

兴趣班也好、学校也好，

都不能中途放弃，

什么事情都要认真做好，

不能偷懒，

自己的事情要自己做，

不能依赖别人，

也不能给别人添麻烦。

当你阅读或聆听其他国家的故事时，会发现许多更为随意、马虎、宽松的地方。

但日本人的话，要是电车不能精准到分、秒，都会感到不舒服。

虽然能感受到这种准确性的可贵之处，但这种社会性格也带来了一种窒息感，让很多人因为自己做不到而感到自责。

独自承担育儿工作

而苦苦挣扎的人，

在职场

承担过重负担的人，

他们之所以无法说出"帮帮我"，

是因为他们在成长过程中一直被灌输

"自己的事情自己做，

不要给别人添麻烦"的观念。

"自己的事情自己做。不能让别人帮你做。"

"做不到的事情让别人帮忙，就永远做不到独立。"

"不要依赖别人。不要给别人添麻烦。"

听着这些话长大的人，长大后就变成了无法说出"帮帮我"的人。

当育儿过程中感到很艰难的时候请记住，

光是把孩子生下来

就已经很了不起了！

夸奖一下自己吧。

因为父母很少得到夸奖，所以自己夸奖一下自己吧。

你已经

竭尽全力了，

请接受

并称赞这样的自己吧。

无法做到的事情

就说"做不到"，

不可能的事情

就说"不可能"，

对自己和周围的人都应该这样说。

　　不承认自己有做不到的事情，会让自己和孩子以及周围的人都觉得苦恼。

养孩子

是在与社会"战斗",

在与幼儿园和学校"战斗",

在与伴侣和家人"战斗",

也是

在与孩子"战斗",

最重要的是

在与自己"战斗"。

每天都在"战斗",辛苦大家了。偶尔休息一下吧。

育儿

是所有工作中

最崇高

也最艰难的，

因为育儿就是在培养未来的人类。

整个社会都应该为育儿的人提供各种支持。

产前描绘的
理想的育儿图景，
与现实的育儿情况
总是相去甚远。

现实虽然残酷，但让我们坚强地活下去吧。因此，借助他人的力量是很重要的，请别人帮忙、接受帮助等，善于依赖他人的能力也很重要。

育儿网站上的图片大多数是

时髦的辣妈和可爱的孩子

在整洁漂亮的房间里

灿烂地微笑着。

但是，

现实的育儿

与之相去甚远，

没有时髦也没有品位，

每天都手忙脚乱。

但只要有笑容就够了。
幸福的门槛其实很低。

无论你是

多么能干的人，

一旦开始育儿，

都会觉得

"不应该是这样的"。

而且和同事相比，似乎有落后的感觉。但实际上，现在的你看起来更加耀眼。

你

正在竭尽全力做

自己能做的事情，

你的孩子

也在用他的方式

努力着。

慢慢来，没事的。

即使有些事情现在做不到，孩子们也会按照自己的节奏慢慢做到的，所以不用担心。

育儿的理想

是永无止境的，

回首之前所做的事情，

虽然充满后悔，

但这

也是成长的标志。

父母唯一能做的是摆正心态，

尽自己最大的努力

去做，

做到这一点就足够了。

尽力做自己能做的事吧。今天也要一边享受生活，一边努力哟。

妈妈听到爸爸说一些

表示理解的话，

会很开心：

"很辛苦吧"

"很苦恼吧"。

同样，她们也希望听到

表示感谢和慰劳的话：

"谢谢你"

"一直以来辛苦你了"。

妈妈们渴望理解和慰劳，不需要建议和说教。

育儿

用力过猛是不好的，

家长应该放松一点，

享受

和孩子在一起的点点滴滴。

如果家长考虑太多，比如"必须严格管教""为了不让别人指指点点，必须这样做"，就会变成只会责骂孩子的人。

"算了，就这样吧"

"总会有办法的"

"没问题的"。

实际上，凡事总会有办法的。

"孩子

正在用自己的方式努力着，

我自己

也相当努力"，

这样想，不就够了吗。

我认为人们都在努力地活着。

做个坚强的妈妈不如

做个被爱的妈妈，

做个完美的妈妈不如

做个幸福的妈妈。

做个能干的妈妈不如

做个轻松的妈妈。

以自己为中心，思考一下自己想成为什么样的妈妈吧。如果太介意外界的目光，就会变成以他人为中心的人，这会很痛苦。

人们如此

重视孩子，

希望也能重视

正在育儿的父母。

社会公众经常说孩子是"社会的宝贝"，与此相对的是，他们却不重视养育孩子的父母们。

我们经常被告知

要接受

孩子本来的样子，

因为这样做

孩子可以安心，

可以按照自己的节奏成长。

那么

父母也应该接受

自己本来的样子，

这样

既能让父母安心，

对孩子也有好处。

　　孩子保持本来的样子是没问题的，但父母却不可以，
这不是很奇怪吗？父母们也接受自己本来的样子吧，并
对自己说这样是没问题的。
　　因为你已经足够努力了。

· 表扬孩子。

· 多看亲子照片。

· 不与他人比较。

· 写自我表扬日记。

· 对自己说"今天也很努力了"。

　　表扬孩子，也会提高父母的自我肯定感。看着亲子同框的照片，可以确信自己一直在努力育儿。

孩子笑，

自己也笑；

孩子幸福，

自己也幸福。

父母总是先为孩子着想，

而不是先想着自己，

父母

也值得被感恩。

俗话说，"父恩比山高，母恩比海深"。

度过假期的方法：

· 家务活适可而止；

· 不要追求尽善尽美；

· 家务和育儿工作都不要独自承担；

· 包容孩子的拖拖拉拉；

· 适当离开孩子，

　确保有自己的休闲时间。

无论如何，首要任务是保持自己的心理稳定。

试试一边做家务，

一边哼

自己喜欢的歌曲。

这样可以缓解压力、稳定情绪，

让人心情愉悦、精力充沛，

据说也有助于减肥。

　　大声唱出自己喜欢的歌曲会让你心情更加愉悦。不花钱就能对保持身心健康有非凡效果。

正如口头禅一样，

每个人也都有惯性思维：

有的人有消极看待事物的习惯，

有的人有追求完美的习惯。

这些惯性思维让生活变得艰难，

因此我们应努力做到以下三点：

· 积极看待事物。

· 使用 51% 原则 ① 。

· 懂得知足和放弃。

　　只要你多注意，惯性思维是可以改变的。不是说一下子就能改变，有时会感觉向前走 3 步，后退 2 步，有时是退 10 步。但是，只要你继续下意识地去改变，就能逐渐改变自己。

① 指一种生活决策原则，在面对非此即彼的选择时，如果其中一项有51%或更多的优势，就应毫不犹豫地选择它。——编者注

没有不会天亮的夜晚，

没有永远不停止的雨，

没有无法走出的隧道，

没有后面不是春天的冬天。

"冬天来了，春天还会远吗？"

黎明前是最黑暗的，

一切都会过去。

　　"人受了多少苦，就会成长多少"，我认为这个说法也有道理。

无论是悲伤还是痛苦，

时间

都一定会治愈它们。

在日本的关西地区，

这被称为

"日子药"，

多么美妙的词语啊。

英语中也有谚语"Time cures all things（时间治愈一切）"。

轻度的"有毒父母"
有很多。
说白了，
没有父母是完全没"毒"的。

对于任何人来说，审视自己身上的"父母毒性"都是非常重要的。

看着云朵

在宽阔的天空上

缓缓飘过，

我们就会意识到

自己的执念是多么渺小。

你是否总是低着头，为育儿和教育问题而烦恼呢？

第 **9** 章

自我反省的
话语

珍惜 "此时此地" 吧!

辛辛那提大学的研究表明，

人们有 97% 的担忧是

杞人忧天，

密歇根大学的研究表明

人们有 96% 的担忧是

杞人忧天。

当然，平日对需要忧虑之事多留神，以及做好应对突发事件的准备是重要的。

但是，过度担心对心理健康就十分不利。

即使是自己的孩子，
他也是独立的个体，
不可能完全变成
父母理想中的样子。

对吧，就是这样吧？

我们无法改变
他人，
自己的孩子也是他人，
所以我们无法改变他。
能改变的，
只有自己。

首先改变自己吧，这样你的孩子可能也会有变化。我们无法直接改变自己的孩子。

育儿过程中常常出现
父母对孩子无能为力的情况，
如果父母也觉得无能为力，
那就真没办法了。
原谅自己，
也原谅你的孩子，
只原谅自己是不行的。

觉得无能为力，是因为父母的能力都是有限的。慢慢来吧。

在意

孩子的

缺点，

是因为父母

害怕

被人评价。

　　包括老师、家人、亲戚、邻居和熟人等在内的很多人都会对你有各种各样的评价，所以你才会在意吧。如果你下定决心不去介意外界的评价，你就不会那么在意孩子的缺点了。

父母过于在意

世俗的眼光，

会让孩子感到痛苦。

面子这东西，

应该扔到垃圾桶里去。

　　抛弃面子，首先父母会感到轻松。这样一来，孩子也会感到轻松。

不管别人怎么想，

这就是我的人生。

拥有自己的价值观，

并按照自己的步调，

让我们活成

自己想要的样子。

生活、育儿、工作，通通都以自我为中心去进行吧。
并且，让我们的孩子也以这样的生活方式去过日子。

父母和老师

对孩子的影响是很大的，

为了孩子，

让我们拥有美好的心灵和敏锐的

头脑吧。

多阅读优秀文章，

多接触优秀艺术，

多与他人交往

以丰富经验。

要做到这些事情，我们需要有空闲时间，所以，社会的支持也是必不可少的。

在脱口而出前先想一想，

你

在孩子面前

能说

那些话吗？

任何人，只要反省自己，就会变得谦虚。

这件事情，

真的那么重要吗？

难道你没有

忽视更重要的事情吗？

你没有把最重要的人和最重要的事情放在次要位置吧？

实际上，

孩子会成为比父母

更优秀的人，

这种情况经常发生。

父母可能没有注意到这一点，但其他人可能会注意到。

经常说"孩子不学习"的父母，

大多数情况下，

他们自己

也没有在学习。

虽然很多父母会说"我小时候学习更努力"，但是他们当中的大多数人现在也不再学习了。

一边骂
孩子
玩太多游戏，
另一边自己却
过度沉迷看手机。

这样的父母，说服力为零。

为什么

你的话对孩子

缺乏说服力?

反思一下

自己的言行吧。

如果你改变自己的言行,孩子们就会听你的话。

人会在艰苦的日子中
成长起来，
就像爬山一样。
爬山很艰难，
但爬得越高，
未曾见过的风景
就越广阔。

育儿是一座艰险的山，眼前的山路虽然险峻，但后面一定有美丽的景色在等着你。

比赛的胜与负，

考试的通过与不通过，

成功和失败，

都是人生中不可或缺的一部分。

成功并不代表一切，

重要的是，

你从这段经历中学到了什么。

　　你不可能总是能赢。即使是最优秀的运动员也会经历失败。比输赢更重要的是，从这些经历中学到什么。让我们学会将失败转化为成长吧。

愚蠢的人

不会从自己的失败中吸取教训，

普通人

会从自己的失败中吸取教训，

聪明人

还会从别人的失败中吸取教训。

大家都不想重蹈覆辙吧。

在育儿过程中，

当你后悔地说，

"要是当时那样做就好了"，

证明

你作为父母，

比那个时候的自己又成长了一点。

　　育儿过程中，后悔和反省是难以避免的。没有人能例外吧。

不追求结果，

不与他人攀比，

一边享受

自己能做的事情，

一边心存感恩，

能做到这样，

就够了。

　　我是带着自我警惕写下这段话的。追求结果、与他人攀比——如果我们能放下这两点，生活会变得轻松吧。

人总有失败的时候，

但人能从失败中学到经验教训。

无论什么时候，

从意识到的那一刻开始改变，

永远不会太迟，

一定可以弥补过去的不足。

自己的人生也好，育儿也好，只要想改变，永远不会太迟。

所有的父母

都可能是"有毒父母"，

因为每个人的内心

都可能存在"父母毒性"。

注意一下

自己内心的"父母毒性"吧。

　　即使在旁人看来是育儿很厉害的人，他们可能也有"有毒父母"的一面。对这一点保持警惕是很重要的。

你对待孩子的态度

展现了你的本性。

如果你对自己的孩子很强势，

那你就是强势的人，

对弱者也必定如此。

如果你对孩子谦虚温和，

那么你对任何人

也都是如此。

孩子就像一面镜子，照出成年人的本来面目。

有想象力的人，

会自然而然地变得宽容，

因为他们

能理解对方的困难。

没有想象力的人，

就无法宽容和原谅孩子。

　　每个孩子都有缺点和不足，其中大部分缺点都是天生的。

　　如果你能想象出这些孩子的处境和感受，你就能感同身受，从而原谅他们。

父母对子女说的话，

子女也会反馈给父母；

父母责备子女，

子女也会责备父母；

父母如果

尊重子女，

子女也会学会

尊重父母。

所以，请用自己的行为给孩子做出榜样吧。

想到什么

就直接说出来的，

是孩子；

思考对方会如何理解之后

再说话的，

是大人。

先想象一下"如果有人这样对我说，我会有什么感觉？"再说话吧。

原谅别人，

不是为了对方，

而是

为了自己。

当无法原谅他人时，自己会觉得痛苦。
原谅之后自己反而才会获得内心的平静。

正在育儿之路上前行的

妈妈们，

会觉得

自己

被社会抛弃了。

　　你需要与其他处境相同的妈妈交流，或者让身边的人倾听你的抱怨并给予你支持。总之，你不需要独自承受压力并闷在心里。另外，尝试列出你有空时想做的事情，或者你也可以计划做一件自己能力范围内能做到的事情，试着一点一点开始做。

要是在公共场合

看到带着婴儿的

妈妈或爸爸，

请对他们说

"真可爱"

"好喜欢你的宝宝"，

这会让在意周围人目光的

他们

感到非常放心。

大家都想让在意周围人目光的妈妈或爸爸放下心来吧。

对于正在育儿的人来说，

如果周围的人

能用友善的目光去看他们、

能对他们说温暖的话，

育儿也会

变得更加轻松。

希望大家一起努力，创建一个对儿童、对家长更友好的社会。

不做也可以的事情

就果断放弃吧，

在舍弃间

就会产生松弛感。

对现代人来说

重要的不是做什么，

而是不做什么。

感觉自己没有空闲时间的人，更应该这么做。

家长感到烦躁，

这并不是孩子的问题，

而是家长自己的心理问题导致的。

即使在相同的情况下，

有些家长会感到烦躁，

而有些则不会。

比起担心孩子的种种问题，家长调整自己的心态更为重要。

当别人对自己说话不客气时

就感到不愉快，

这等同于

自己的情绪被他人控制了。

人生宝贵的时光被这样度过

真是太可惜了，

自己的一天就这样浪费掉了。

这种情况可以改变吗？

让我们靠自己的力量，

让自己度过精彩的一天。

不必因为别人不开心，自己也跟着不开心。因为这就像被对方控制了情绪一样。

让自己保持心情愉快，幸福生活吧。

因为嘴巴和耳朵

靠得很近，

所以自己说出来的话，

第一个听到的人是自己。

如果说了不愉快的话，

自己也会变得不愉快，

如果说积极的话，

你就会成为一个积极的人。

因为没有人会听漏自己说的话。

松弛感指的是
心灵的松弛，
时间的松弛，
金钱的松弛。
一旦贪心，
三者都会失去。

释迦牟尼也说，贪欲是一切痛苦的根源。

痛苦的原因是执着，

放下自己的执着

一切都会变得轻松。

育儿之苦

大多也是源于自己的执着。

好好思考自己执着于什么，

然后学会放下吧。

　　育儿之苦通常不是因为孩子，而是因为父母自身的
执着。

1. 适度运动；

2. 健康饮食；

3. 确保充足的睡眠和沐浴时间；

4. 多说肯定和富有同理心的话语；

5. 以自我为中心，不与他人比较；

6. 阅读和输出；

7. 拥有时间和心灵的富裕；

8. 拥有人生目标；

9. 常怀感恩之心；

10. 多冥想。

这就是我的看法，你们怎么看？

1 根蜡烛

可以点亮

1 000 根蜡烛，

但是

原来的那根蜡烛

不会变暗。

幸福，

也是如此。

我试着改写了佛陀的话。

你

已经很幸福了，

如果停止与他人比较，

会更加幸福。

大家都不想再和旁人比较了吧。

地平线并不存在，

无论你航行多远，

它总是离你越来越远。

未来也不真实地存在于当下，

它永远在远方。

所以，

不能为了未来

而牺牲现在。

让我们和孩子一起，

幸福地度过今天吧。

因为唯一真实存在的时间只有"现在"，所以如果你的生活方式不能让你享受到"此时此地"的幸福，你将永远不会幸福。不过，要得到这种幸福还是挺困难的。

能送走旧年，
迎来新的一年，
是一件值得感恩的事情，
因为没有什么事情
是理所当然的。

我由衷地感恩一切。

又爆发了!

又大声责骂孩子了!!

即便如此,

你也让孩子好好吃了一顿饭,

让他们今天

也平安入睡,

这就足够了。

今天的家务活就到此为止吧,

上床睡觉吧,

希望明天能笑逐颜开。

作为父母,你并不是不称职,只是暂时累了而已。
有时候也要宠爱一下自己。

1. 今年过得怎么样？

   （用一句话概括）

2. 今年在哪些方面付出了努力？

3. 今年有什么开心的事？

4. 现在想对谁说"谢谢"？

5. 能运用到明年的教训是什么？

6. 对明年的期待是什么？

7. 明年想要放弃的事情是什么？

祝大家新年快乐！

今天，

一去不复返。

让我们

好好体验当下，

过好每一天吧。

"一日一生"这句话真是意味深长呢。（"一日一生"出自日本僧人酒井雄哉的一本书《一日一生》，所谓"一日一生"，就是珍惜每天的"缘"，感恩度过每一天。——编者注）